Hans Thomas | Johannes Hattler (Hrsg)
Personen
Zum Miteinander einmaliger Freiheitswesen

Hans Thomas | Johannes Hattler (Hrsg.)

Personen

Zum Miteinander einmaliger Freiheitswesen

ontos
verlag

Frankfurt I Paris I Lancaster I New Brunswick

Der vorliegende Band wurde erarbeitet auf Grundlage des gleichnamigen Interdisziplinären Colloquiums des Lindenthal-Institus in Köln am 21. Mai und 8. Oktober 2011. Die Durchführung der Veranstaltung wurde durch private Förderer ermöglicht. Ihnen allen wissen sich das Lindenthal-Institut und die Herausgeber dankbar verpflichtet.

Bibliographic information published by the Deutsche Nationalbibliothek

The Deutsche Nationalbibliothek lists this publication in the Deutsche Nationalbibliografie; detailed bibliographic data are available in the Internet at http://dnb.d-nb.de.

North and South America by
Transaction Books
Rutgers University
Piscataway, NJ 08854-8042
trans@transactionpub.com

United Kingdom, Eire, Iceland, Turkey, Malta, Portugal by
Gazelle Books Services Limited
White Cross Mills
Hightown
LANCASTER, LA1 4XS
sales@gazellebooks.co.uk

Livraison pour la France et la Belgique:
Librairie Philosophique J.Vrin
6, place de la Sorbonne; F-75005 PARIS
Tel. +33 (0)1 43 54 03 47; Fax +33 (0)1 43 54 48 18
www.vrin.fr

©2012 ontos verlag
P.O. Box 15 41, D-63133 Heusenstamm
www.ontosverlag.com

ISBN 978-3-86838-159-7

2012

No part of this book may be reproduced, stored in retrieval systems or transmitted in any form or by any means, electronic, mechanical, photocopying, microfilming, recording or otherwise without written permission from the Publisher, with the exception of any material supplied specifically for the purpose of being entered and executed on a computer system, for exclusive use of the purchaser of the work

Printed on acid-free paper

Printed in Germany
by Strauss GmbH

Inhalt

Zur Einführung 7

Hans Thomas
Wertschätzung der Rolle oder Würde der Person –
Grauzonen interkultureller Verständigung 13

Robert Spaemann
Was macht Personen zu Personen? 29

Aussprache 47

Theo Kobusch
Die Person: Wesen der Freiheit 59

Aussprache 81

Jakob Fortunat Stagl
Die Personwerdung des Menschen:
Anfänge im Römischen Recht 89

Hanna-Barbara Gerl-Falkovitz
Fließende Identität? Ein Blick auf Gender 111

Aussprache 127

Johannes Hattler
Anmerkungen zur neurowissenschaftlichen Kritik an
unserem Selbstverständnis als personale Freiheitswesen 141

Biographische Notizen 159

Das Lindenthal-Institut 163

Zur Einführung

Der Mensch versteht sich als Person. Der Begriff der Person ist deshalb für unser Begreifen von Wirklichkeit von zentraler Bedeutung. Er ist systematisch reich und historisch tief verwurzelt. Entgegen dem immer wieder anzutreffenden Versuch, die dynamische Wirklichkeit der Person auf einen vereinfachenden Begriff zu verkürzen, möchte der vorliegende Band anhand von drei zentralen Aspekten der Person – Einmaligkeit, Freiheit und Miteinander – sich diesem Reichtum und unserem Verständnis der Wirklichkeit von Personen nähern.

Ob „Person" überall im gleichen Sinne verstanden wird, fragt und bezweifelt *Hans Thomas* in seinem Beitrag. Mit Blick auf den interkulturellen Dialog, zumal über Menschenrechte, zeichnet er anhand chinesischer Autoren für die Würdigung des Einzelnen die zentralere Bedeutung sozialer Zugehörigkeit zu Familie, Sippe, Gemeinwesen, Nation nach. Selbst bei uns stehe ein einheitliches Verständnis zunehmend in Frage. Bioethik, Rechtsprechung und Neurowissenschaften nährten Zweifel, ob alle Menschen Personen seien. Die Soziologie neige dazu, die Person in ihre (sozialen) Rollen zu zerlegen, so dass die Person als deren Träger schwer zur Ansicht komme. Demgegenüber weist Thomas hin sowohl auf die antike Herkunft des Begriffs Person aus dem Theater (i.S.v. Maske, Rolle) als auch auf die starke Akzentuierung der Person als Individuum mit Wurzel im griechischen Substanzdenken. Beide Engführungen habe das Christentum überwunden: das Rollenverständnis durch die Schöpfungs- und Erlösungslehre, den bloßen Individuumscharakter durch die Trinitätslehre, die das „Miteinander von Personen", den Beziehungscharakter des Personseins herausstellt.

Robert Spaemann bestimmt die Person als ein Wesen, das eine Natur hat, aber sie nicht ist. Die Person ist zwar verwiesen auf ihre biologischen, sozialen und kulturellen Bedingtheiten und kann davon nicht getrennt werden. Aber die Person ist immer frei, sich zu diesen Bedingtheiten zu verhalten. Anschaulich wird dies, wenn Spaemann die Person als ein Wesen bestimmt, das fähig ist zu versprechen, zu bereuen und zu verzeihen. In diesen

Akten transzendiert sich die Person. Und darin zeigt sich das besondere Selbstverhältnis eines Wesens, das sich zu sich selbst verhalten und zu sich selbst und anderen Stellung nehmen kann. An die Fähigkeit zur Selbsttranszendenz knüpft Spaemann den Grundgedanken der spezifischen Unzeitlichkeit der Person. Mit ihr begründet er auch das Personsein eines jeden Menschen auf Grund seiner biologisch-genetischen Zugehörigkeit zur Spezies Mensch: Weil die Person ein Moment der Unzeitlichkeit oder Ewigkeit auszeichnet, ist jede zeitliche Zuschreibung des Personseins willkürlich. Zudem setzt Zuschreibung immer ein Machtverhältnis: Diejenigen, die schon als Personen gelten, definieren, wer zum Kreis der Personen noch gerechnet werden darf. Den anderen als Person anerkennen ist hingegen eine freie Handlung, mit Auswirkung allerdings auf unser Selbst- und Fremdverhältnis.

„Die Person – Wesen der Freiheit" lautet der Beitrag von *Theo Kobusch*: Die Freiheit des Menschen unterscheidet ihn wesentlich von jeglichem anderen Sein in der Natur. Personen sind moralische Wesen. Im Kontrast zum griechischen Substanzdenken weisen zuerst die Kirchenväter die Person als Wesen der Freiheit aus. Insbesondere in den christologischen Untersuchungen des 13. Jahrhunderts wird diese Sicht entfaltet. Nachweislich bei Bonaventura wird die Freiheit mit der Bestimmung der Würde verbunden. Von hier aus zeichnet Kobusch zwei neuzeitliche, noch heute maßgebende Personbestimmungen nach, die beide in der hypostasierten Freiheit wurzeln. Die Lock'sche Auffassung von Selbststand und Selbstreflexion könne auf den Franziskaner Petrus Olivi zurückgeführt werden, diejenige Kants entwickle sich über Bonaventura, Suarez und Pufendorf. In beiden Fällen zeigt sich der bleibende Einfluss der mittelalterlichen Theologie und Philosophie bis hinein in den modernen Personbegriff. Ein notwendiges Miteinander der Freiheitswesen und die Begründung einer Verwiesenheit der Person auf andere Personen findet sich hingegen erst in der Neuzeit, insbesondere in der Hegelschen Rechtsphilosophie und deren Weiterentwicklungen bei Chalybäus.

Den Anfängen der Entwicklung unseres heutigen Personbegriffs im römischen Recht geht *Jakob Fortunat Stagl* nach. Ursprünglich als Recht der Stände etabliert, unterschied das römische Recht zwischen voll rechtsfähigen freien Personen (so der pater familias) und Sklaven oder sonst abhängigen Personen: bis zum Tode des pater familias dessen Kinder, insbesondere Frauen. Bis etwa um die Geburt Christi war das ius personarum ein in diesem Sinne in höchster Schärfe ausgearbeitetes Rechtssystem. In den folgenden Jahrhunderten änderte sich, wie Stagl aufzeigt, zwar nicht das formale Recht, sehr wohl aber änderten sich im praktischen Leben, und zwar erheblich, die Einstellungen gegenüber den Rechtssubjekten im Sinne einer zunehmenden Gleichheit der Personen. Triebkraft war der soziale Wandel innerhalb der römischen Welt in Verbindung mit der Entwicklung einer römischen naturrechtlichen Tradition. Christliche Einflüsse mochten hinzukommen. Nicht offiziell abgeschafft, aber kontinuierlich unterhöhlt, verwandelte sich das diskriminierende Personenrecht zu einem uns heute eher vertrauten Umgang mit Personen gleichen Rechts, wie es der Wandel von den „Institutionen des Gaius" aus der Mitte des 2. Jahrhunderts zum Rechtssystem unter Kaiser Justinian im 6. Jahrhundert nahelegen.

Die Gendertheorie, nach der die Geschlechtlichkeit nicht biologisches Faktum, sondern soziales Konstrukt ist, löst eine für unser Personverständis konstitutive Identität auf – mit der Folge einer Dekonstruktion des Personbegriffs. In ihrem „Beitrag zu Gender" analysiert *Hanna-Barbara Gerl-Falkovitz* die historische Entwicklung und die dekonstruktivistische Radikalität dieser Theorie, die bereits in Rechtsvorschriften und Regelungen weltweit hineinwirkt. Geschlechtlichkeit als Rollenkonstrukt neutralisiert die Differenz von Mentalem und Leiblichem. Der Leib wird zum neutralen Körper und damit zum Konstruktionsobjekt mit ständig verfügbarer, sich wandelnder, fließender Identität. Ihr gegenüber fordert Gerl-Falkovitz eine Phänomenologie des Leibes mit integrierter Geschlechtlichkeit und personaler Gestaltung der Sexualität.

Jüngere neurowissenschaftliche Absagen an die Willensfreiheit schließlich heben das bisher genannte Kernmerkmal des Personseins schlicht auf und damit das Fundament unserer gesamten Praxis und Kultur. In einem ergänzenden Beitrag setzt sich *Johannes Hattler* mit den einschlägigen diesbezüglichen Ergebnissen und Thesen der Hirnforschung auseinander, die auf Grund scheinbar rein empirischer Ergebnisse fordern, die

Freiheit als Illusion anzuerkennen. Mit Blick auf die Vorannahmen dieser Theorie werden methodische und interpretatorische Schwierigkeiten analysiert und die Unmöglichkeit einer Reduzierung mentaler Akte und insbesondere der Freiheit auf Gehirnaktivitäten dargelegt.

Hans Thomas

Wertschätzung der Rolle oder Würde der Person – Grauzonen interkultureller Verständigung

Unter allen Wesen der belebten Natur gilt der Mensch als etwas Besonderes. Weil Gott ihn nach seinem Abbild geschaffen hat, sagt die Bibel, und weil Gott selbst Mensch geworden ist. Aber auch derjenige, dem die Bibel nichts sagt, weiß sich einmalig, unaustauschbar, Individuum; erfährt sich als Subjekt seines Ich-Bewusstseins, mit Verstand und freiem Willen, als Inhaber von Rollen und Träger von Rechten. Wir sprechen von „Person". Personen sind je einzigartig. Seinem Wesen nach sei jeder Mensch Person. Personen komme Würde zu – gleiche Würde: Menschenwürde. Im Bekenntnis zur „unantastbaren" Menschenwürde wurzeln Menschenrechte. Handelt es sich um das Bekenntnis zu einer Wahrheit oder um eine – ggf. erfahrungsgesättigte – Vereinbarung?

Ohne den Folgebeiträgen darin vorzugreifen zu wollen, was eine Person ausmacht, was den Begriff bestimmt, seine Herkunft beleuchtet, und was daraus folgt, erlaube ich mir schlicht zu erzählen, welch durchaus alltäglichen Situationen mich auf derlei Fragen gestoßen und welche Gedanken sie ausgelöst haben. Dazu gehört vorab und vor allem die Frage: Versteht jedermann dasselbe? Weltweit? Oder wenigstens bei uns?

I.

An den soeben genannten, bislang kaum bestrittenen Vorgaben gibt es neuerdings wieder Zweifel. Einige Neurowissenschaftler bestreiten die Willensfreiheit und erklären sie zur Illusion. Und in den Debatten um das Lebensrecht wird das Argument laut, es gebe Menschen, die nicht, noch nicht, nicht mehr Personen sind.

Unter den Merkmalen, die Personen auszeichnen, werden genannt: 1. Rationalität, 2. Bewusstsein, 3. Individualität oder Autonomie (Selbstbestimmung), 4. Freiheit des Willens, 5. Verantwortungsfähigkeit oder Zurechenbarkeit.

Ob diese Reihung ausreicht, um das Personsein auszuschöpfen, sei erst einmal dahingestellt. Die Merkmale akzentuieren eine Individualität, die sich in sich abschließt. So schon die klassische Definition des Boethius (ca. 480-525), nach der Person eine individuelle Substanz mit vernunftbegabter Natur ist („persona est naturae rationabilis individua substantia"). Einen Hinweis auf das Verhältnis zu anderen Personen enthalten die genannten Merkmale jedenfalls nicht oder allenfalls höchst indirekt im Merkmal der „Verantwortungsfähigkeit".

Gefährlich wäre, in der genannten Aufzählung eine Checkliste von Fähigkeiten zu sehen, die aktuell gegeben sein müssen, um von einer Person zu sprechen. Die Aussage, jeder Mensch sei Person, wäre mindestens in Frage gestellt. Als aktuelle Problematik begegnet uns der Zweifel, ob es Menschen gibt, die nicht Personen sind, in den Gesundheitswissenschaften wie in Gesetzgebungsdebatten um die Reichweite des Würdeschutzes. Gilt er auch für Menschen, die bestimmte der genannten Merkmale nicht, noch nicht oder nicht mehr realisieren können – sei es aufgrund ihres Entwicklungsstadiums, von Behinderung oder Krankheit?

Eine begriffliche Unterscheidung von Mensch und Person würde für die Anerkennung der Menschenwürde Bedingungen einführen. Im Englischen sind „human being" und „human person" tatsächlich durchaus verschieden akzentuiert. Zum eingangs genannten Bekenntnis zur unantastbaren Menschenwürde gehört gleichwohl, dass jedes der species homo sapiens angehörige Lebewesen Person ist. Hellhörigkeit scheint hier angebracht. In der Charta der Grundrechte der Europäischen Union vom Jahr 2000 (Teil des Europäischen Verfassungsvertrags, der dann in Frankreich und den Niederlanden scheiterte), war in Art. 1 zu lesen: „Die Würde des Menschen ist unantastbar", in Art. 2: „Jede Person hat das Recht auf Leben". Auch in den Folgeartikeln war von Rechten der Person die Rede. Vielleicht Zufall. Immerhin wurde das in den Fassungen der Charta von 2004 und 2007 geändert: „Jeder Mensch hat das Recht auf Leben."

Das Bekenntnis zur unantastbaren Menschenwürde besagt ferner, dass jedem Menschen – weil Person – „gleiche Würde" zukommt. Andererseits schreiben wir doch üblicherweise dem Inhaber eines herausgehobenen gesellschaftlichen Status oder eines höheren Amtes, oder dem Träger außergewöhnlicher Verdienste besondere Würde zu. Kommt vor Gericht dem Richter nicht größere Würde als dem Angeklagten zu? Hier muss, zumal im interkulturellen Dialog, klar unterschieden werden. Bei der Würde des Königs oder der Amtswürde des Präsidenten der Republik haben wir es mit einem gänzlich anderen Typus von Würde zu tun als bei der Menschenwürde.

Bedarf es solcher Unterscheidungen? Person, Mensch, Menschenwürde, gleiche Würde – wir wissen doch, was gemeint ist. Aber gilt das auch weltweit? Denken wir an den interkulturellen Dialog, ergeht es uns vielleicht mit Person und gleicher Würde so wie dem Hl. Augustinus mit der Zeit. Was die Zeit sei, wisse er natürlich, sagte er. Aber wenn er es erklären müsse, wisse er es nicht.

II.

Im Lindenthal-Institut trafen sich im Jahr 1990 an einem Wochenende fünf an China interessierte deutsche Freunde mit zwölf Intellektuellen aus China. Mehrheitlich lebten sie schon seit längerem in Deutschland oder Frankreich. Einige wenige hatten China erst vor kurzem verlassen – nach jenen ein Jahr zuvor mit Gewalt niedergeschlagenen Demonstrationen auf dem Tianamen-Platz in Peking 1989. Dort hatten Schlagwörter wie „Freiheit, Demokratie, Menschenrechte" Anstoß erregt. Wir hatten kein detailliert thematisches Programm. Freitag mittag Kennenlernen, Anekdoten, Erzählungen, an denen sich die Frage entzündet: Verstehen wir unter den genannten Begriffen eigentlich alle dasselbe? Sind das Universalbegriffe, die kulturübergreifend eindeutig, also prinzipiell jedermann gleichermaßen verständlich sind?

Diese Frage blieb Hauptthema bis Sonntag mittag. Ohne mich an Einzelheiten zu erinnern: Freitagabend herrschte Konsens – wir verstehen dasselbe. Samstagabend herrschten daran große Zweifel. Sonntagmittag herrschte die Meinung vor, man müsse, um genauer zu sehen, doch wohl tiefer in die europäische Geschichte und christliche Begriffswelt eindringen, ehe man den genannten Topoi universal gleiche Bedeutung unterstellt. Zu den Überlegungen, die den anfänglich optimistischen Konsens, vermeintliche Universalbegriffe würden, wie wir gern unterstellen, selbstverständlich überall gleich verstanden, ins Wanken brachten, gehörte jedenfalls:

1. Alle Anwesenden hatten an Universitäten studiert, ob in Europa oder in den USA oder in China. Die Universität sei aber eine europäische Erfindung, gründend, wie der Name schon sagt, auf der Überzeugung von der Universalität von Wahrheit und Wissen – eine Überzeugung, die Universalbegriffe nahelegt. Dagegen stand das starke Argument, dass die wohl einflussreichste Persönlichkeit in der Kommission der Vereinten Nationen für Menschenrechte, die 1948 die Allgemeine Erklärung der Menschenrechte entwarf, deren chinesischer Vizepräsident Dr. Peng-chun Chang war. Er, Philosoph, berief sich gern auf konfuzianische Traditionen und erwarb sich große Verdienste um möglichst kulturen-unabhängige Formulierungen und universale Zustimmungsfähigkeit der Texte.

2. Die Unsicherheit wuchs mit der Frage, ob die Vorstellungen der Anwesenden denn auch von einem Großteil der Milliardenbevölkerung Chinas einigermaßen geteilt würden.

3. Zur Kernfrage der Gesprächs wurde, wie in den Wortverbindungen Menschenwürde und Menschenrechte „Mensch" zu verstehen sei.

Menschen wertzuschätzen, so war zu verstehen, sei selbstverständlich auch in China ein hohes ethisches Gebot. Vor allem gegenüber Angehörigen der Familie, Personen mit besonderer Verantwortung für das Gemeinwohl, und natürlich Freunden, Nachbarn, oder schlicht Mitbürgern. Der Gedanke, Menschen unterschiedslos wertzuschätzen, weil sie Menschen sind, wurde zwar nicht abgewiesen, erschien aber doch weniger bedacht. Auf die Fragen etwa, ob eine wertgeschätzte Person ihre anerkannte Würde auch verlieren oder verwirken könne – etwa infolge Versagen oder Verbrechen –, herrschte eher Schweigen.

Die Untersuchungen des Bonner Sinologen Rolf Trauzettel[1] stellen – bei aller Vielschichtigkeit chinesischer Traditionen – einen Kontrast heraus zwischen der europäisch-westlichen Ich-Identität (Autonomie) – stark individualisiert, insofern auch vereinsamend – und der in China weit stärkeren Selbstidentifikation des Einzelnen als Glied in einem Familien- und Sippenzusammenhang. Privates, so Trauzettel, meine „vor allem das familiär Private, nicht ein subjektiv Intimes". Oder: Die besitzhaft empfundene Teilhabe des einzelnen am Allgemeinen der chinesischen Gesellschaft finde Stütze in einer politisch-philosophisch tradierten „prinzipielle(n) Identität von Amt und Person".

Mit „Personen- und Individuumsbegriff in China und im Westen" beschäftigte sich am 25./26. November 2005 in Taipeh ein Internationales Sinologisches Symposium.[2] Bei allen Unterschieden im einzelnen erweisen die Beiträge im Chinesischen das Fehlen einer begrifflichen Entsprechung zu Individuum i.S. von unteilbar. Stärker entwickelt als ein Ich-Bewusstsein sei das Wir-Bewusstsein.[3] Die Frühgeschichte stelle „Drei Lehren": Dao, Konfuzius, Buddhismus. Der Daoismus komme im Grunde ohne „Ego" mit eigenen Verstandes- und Willensakten aus. Anpassung an und Einpassung in den rezeptiv wahrgenommenen kosmisch-naturhaften Weltlauf mache Weisheit aus – im Sinne geradezu einer Freiheit vom Ich, die Selbstvergessenheit als Ideal nahelege. Welcher Kontrast zu Kants Freiheit oder Autonomie als Vermögen, sich selbst zu bestimmen![4] Der Konfuzianismus sehe den Einzelnen vor allem als Glied der Familie, des Clans, des Standes, der Gesellschaft – mit starker Bindung an

---

[1] R. *Trauzettel*, Individuum und Heteronomie. Historische Aspekte des Verhältnisses von Individuum und Gesellschaft in China, in: Saeculum, Jahrbuch für Universalgeschichte, Bd 28, Jg. 1977, 340-364

[2] Z. *Wesolowski* (Hrsg.), Symposiums-Beiträge – Drittes Internationales Sinologisches Symposium der Katholischen Fu Jen Universität: Personen- und Individuumsbegriff in China und im Westen. Der Beitrag der Bonner Sinologischen Schule um Professor Trauzettel, Monumenta Serica Sinological Research Center, New Taipei City/Taiwan 2006

[3] R. *Trauzettel*, Personen- und Individuumsbegriff in China und im Westen: Zwischen Immanenz und Transzendenz, ebd. 58-106

[4] G. *Wohlfahrt*, Der Begriff des Selbst im philosophischen Daoismus, ebd. 469-484

Ritual und Sippenordnung – mit Pflichten und Verantwortlichkeiten, aber ohne Berechtigungen i.S. subjektiver Rechte. Ren Dayuan[5] konzipiert aus von Konfuzius differenziert beschriebenen Charakter- und Tugendeigenschaften das – in moralischer Hinsicht – eindrucksvolle neokonfuzianische (11.-13.Jhdt.) Bild eines „sozialen Ich", das sich allgemeiner Wertschätzung gewiss sein kann.

Für den interkulturellen Dialog gilt selbstverständlich: Wertschätzung von Menschen gibt es in allen Kulturen. Weil sie zur Familie, zum Clan, zum Stamm gehören, weil sie Freunde sind, Kollegen, gleichen Sinnes, gleichen Glaubens, Nachbarn, Mitbürger, oder weil sie diese oder jene Rolle in und für die Gemeinschaft innehaben. Sie gehören zum „Wir". Zu einem Wir, dessen Glieder miteinander zu tun haben. Schließlich äußert sich die Achtung von Personen nur im Miteinander.

Das Personenkonzept exemplarisch der Stammesgesellschaft hat, wie Alex Sutter[6] berichtet, der Ethnologe und Soziologe Marcel Mauss skizziert.[7] Der persönliche Name beziehe sich weniger auf eine Ich-Identität als auf eine bestimmte vorgegebene Rolle innerhalb einer Rangordnung des Clans. Die personalen Rollen seien als Statusrollen vorgegeben, in die die Individuen hineinwachsen. Die vorgegebenen Rollen repräsentieren „die präfigurierte Totalität des Clans". Person sei also erst einmal „das Recht auf eine Rolle", die Verbindung von Maske und Name, die dem Individuum das Recht auf bestimmte Rollen in Riten und andere Privilegien gibt.

Laut afrikanischen Autoren, die Sutter anführt, werde in traditionellen afrikanischen Kontexten ein Mensch nicht als Person *geboren*, vielmehr in einem ständigen Prozess sozialer Integration stufenweise zur vollwertigen Person. Im Falle der afrikanischen Tradition sei ein als Mensch identifizierbarer biologischer Organismus nicht per se eine moralische Person, vielmehr werde der Mensch erst dann zunehmend als vollwer-

---

[5] Zum frühkonfuzianischen Begriff der Persönlichkeit, Ebd. 567-578
[6] *A. Sutter*, Ist das Personenkonzept der Menschenrechte kulturell voreingenommen? in: J.C. Wolf (Hrsg.): Menschenrechte interkulturell. Fribourg (Universitätsverlag) 2000. S. 226-241 (Das Folgende nach Sutter)
[7] *M. Mauss*, Der Begriff der Person und des „Ich" (1938). In: Ders. (Hrsg.) Soziologie und Anthropologie 2. Frankfurt a.M (Fischer) 1989. 223- 252

tige Person anerkannt, wenn er den ihm von der Gemeinschaft auferlegten Pflichten gemäß der für ihn vorgesehenen Rollen nachgekommen ist. In der traditionellen afrikanischen Gesellschaft sei die Gewährung von Rechten an die Erfüllung von Pflichten und an Statuspositionen gebunden.

Die kanadische Soziologin Rhoda E. Howard-Hassmann[8] schließlich, auf die Sutter verweist, hat beobachtet, dass die Abstufung der Personen nach Rolle und Status auch ein mehr oder weniger an Würde impliziert. Die hier von hierarchischen Systemen geschützte Menschenwürde sei eine ungleiche Würde – von der theatralisch zelebrierten Würde des Mächtigen bis hin zur Würdelosigkeit der Ausgestoßenen.

Die Achtung der Person mit unverlierbarer Menschenwürde, wie wir sie verstehen, verlangt indes, dass niemand ausgenommen, gar „ausgestoßen" wird.

Die alttestamentliche Kultur entwickelte für die Angehörigen des Gottesvolkes den beachtlichen Bruderbegriff. Mit diesem klaren „Wir" war unvermeidlich eine deutliche Abgrenzung von denjenigen verbunden, die nicht dazu gehörten. Dieses „Wir" wurde im Christentum, wurde von Christus selbst globalisiert: Seine Erlösung gilt allen Menschen. Insofern meint nun „Wir" immer alle Menschen. Würde eignet jeder Person, weil sie Mensch ist.

Dass ebendies überall so verstanden wird, darf offenbar bezweifelt werden. Die Anerkennung der grundsätzlichen Würde eines Menschen, weil er Person und als Person einzigartig ist, tritt auch bei uns de facto nicht selten zurück hinter seine Wertschätzung wegen dieser oder jener Rolle, die er wahrnimmt.

---

[8] *R. E. Howard*, Group versus Individual Identity in the African Debate on Human Rights. In: A.A. An-Na'im / F. Deng (Hrsg.), Human Rights in Africa: Cross Cultural Perspectives, Washington D.C. (Brookings Institution) 1990, 159-183. Dignity, Community, and Human Rights. In: A.A. An-Na'im (Hrsg.), Human Rights in Cross Cultural Perspectives. A Quest for Consensus. Philadelphia (Univ. Pennsylvania Press), 1992, 81-102.

III.

Bei einem berufsethischen Seminar war viel die Rede von Charakter, von Kohärenz des Redens und Verhaltens, von Leben aus einem Guss. Da fiel die schlichte persönliche Bemerkung von Herrn Rudolf, einem befreundeten Unternehmer: „Wie oft wünsche ich mir, dass der Familienvater Rudolf, der Unternehmer Rudolf, der Kirchgänger Rudolf und der Kommunalpolitiker Rudolf wirklich ein und dieselbe Person seien."

Gewiss hat jedermann im täglichen Leben unterschiedliche „Rollen" wahrzunehmen. Das ist normal und legitim, gar Ausdruck kreativer Freiheit der Person. Die Möglichkeit, dass wir Rollen ausfüllen können – oder klassisch im Theater Rollen spielen –, zeugt von unserer Fähigkeit, Distanz zu uns selbst zu üben. Wo aber ortete Herr Rudolf das empfundene Defizit? Worauf zielte die Sehnsucht nach Lebenskohärenz, nach einer Einheit seines Lebens, die alle Rollen übergreift? Offenbar empfand er ein „Ich selbst", das sich in Rollen äußern und sich zugleich darin verlieren kann.

Auf viele übt das moderne öffentliche Leben einen nicht geringen Druck aus, in dieser oder jener Rolle aufzugehen. Erst recht birgt die Mediengesellschaft für viele geradezu einen Zwang zur Selbst-Inszenierung in der je gewählten Rolle.

IV.

Der Sohn eines Freundes, der von Kindheit an wegen beruflicher Abwesenheit der Eltern täglich viele Stunden vor dem Fernseher verbrachte, nahm als 13-jähriger an einem Schulausflug nach Bonn – damals noch Bundeshauptstadt – teil, inklusive Begegnung mit Bundeskanzler Kohl. Abends erzählt der Junge den Eltern, der Bundeskanzler sei aber ganz anders gewesen, als er wirklich sei.

Mediengerecht inszeniert muss ein Bundeskanzler wohl in der Tat mehr Bundeskanzler sein als es das persönliche Dasein hergibt. Hinzu kommt, dass wir in einer Welt leben, in der die Wissenschaft das Sagen hat. Personen sind nicht Gegenstand von Wissenschaft. Personen sind je einzigartig, also nicht verallgemeinerbar, also nicht wissenschaftsfähig. De singulis non est scientia. Verallgemeinerbar sind ihre Rollen. Menschen und menschliches Verhalten erfasst die Wissenschaft deshalb an ihren Rollen. Sie sind der Gegenstand der Soziologie. Soziologie handelt, wie es so treffend heißt, nicht von jedem, sondern von allen.

Vermischung, gar Verwechslung von Person und Rolle ist indes kein neues Phänomen. Das Wort Person (griech. prosopon; lateinisch persona) entstammt dem antiken Theater und bedeutete dort Maske, Rolle. Dem entspricht, dass im hoch entwickelten römischen Recht dignitas – Würde – in erster Linie die Wertschätzung von Amts-, Status- oder Leistungswürde bezeichnet, selbst wenn bei Cicero auch dem vernunftbegabten Menschen als solchem eine grundlegende dignitas zugestanden wird. Hiermit anerkannte die Rechtssprache den Bürger in der Rechtsgemeinschaft. Der Centurio, der Paulus gefangen nehmen ließ, bekam einen Schrecken, als Paulus ihn wissen ließ: „Cives Romanus sum" (Ich bin römischer Bürger). Das löste dann noch ein Gespräch über einen weiteren Würdeunterschied aus: Der Centurio hatte das römische Bürgerrecht gekauft, Paulus war Römer von Geburt.

Gleichwohl galt Würde keineswegs als „unantastbar". Sie konnte vielmehr durchaus gemindert, verloren, verwirkt werden. Homo (Mensch) hatte die Bedeutung von Mensch im nur noch biologischen Sinne, würdelos und rechtlos, ähnlich Sklaven. Womöglich lässt sich so auch das „Ecce homo" des Pilatus deuten.

V.

Bei der Lektüre im Neuen Testament fällt auf, dass es in den Apostelbriefe mehrfach heißt, Gott schaue nicht auf die Person.[9]

Nach unserem Verständnis sollte wohl doch gemeint sein, Gott schaue gerade auf die Person, nicht aber auf die Rolle. Wann und wie kam es dann zum Bedeutungswandel von Person im Sinne von Rolle zu Person in dem tieferen Sinne, den wir

---

[9] vgl. Röm 2, 11 / Gal 2, 6 / Eph 6, 9 / Jak 2, 1 u. 9 / 1 Petr 1, 17 / Apg 10, 34

trotz unterschiedlicher Akzente heraushören. In der griechisch-römisch gebildeten Welt forderten christliche Offenbarungsgeheimnisse Bemühungen um eine denkerische Annäherung und ihre begriffliche Erfassung heraus: Jesus von Nazareth: wahrer Gott und wahrer Mensch: Es handelt sich nicht um zwei Rollen, sondern um zwei Naturen oder Wesenheiten. Im Athanasischen Glaubensbekenntnis heißt es: „Einer ganz und gar, nicht durch Vermengung der Wesenheit, sondern durch die Einheit der Person".[10] Oder Trinität: Ein Gott in drei ??. Drei bloße Rollen des seinem Wesen nach einzigen Gottes konnten kaum gemeint sein. Die Hl. Schriften berichten von dem einen und einzigen Gott und zugleich von Gesprächs- und Austauschbeziehungen zwischen Vater, Sohn und Geist. Zur Bezeichnung des Gemeinten fand das griechische Wort „hypostasis" Verwendung, im Lateinischen aber nicht das entsprechende Wort „substantia", sondern „persona".

„Drei Personen" fasst die Unterscheidung auf als eine Verschiedenheit, die allein durch die enge Beziehung mit- und aufeinander, ihre Zugewandtheit zueinander bestimmt ist – auf einer Seinsebene reiner Relation. Josef Ratzinger spricht von „Beziehentlichkeit"[11]. Relation, philosophisch bisher allenfalls als Eigenschaft angesehen, wird zur eigenen Seinsweise. Und so wird die Seinseinheit Gottes und in ihr die vollkommene hingebende Liebe zwischen den drei Personen vertieft bestätigt. Bei der Erfassung der Gestalt Jesu von Nazareth ging es vor allem darum, sowohl sein uneingeschränkt göttliches Wesen (wahrer Gott: eine der göttlichen Personen) als auch seine vollkommen menschliche Natur (beide unvermischt: wahrer Mensch) in der einen Person Jesus Christus sprachlich auf den Begriff zu bringen.

---

[10] „*Unus omnino, non confusione substantiae: sed unitate personae*", Symbolum Athanasianum, dem Hl. Athanasius zugeschrieben, aber erstmals (in lateinischer Fassung) bekundet nach 500 durch den Heiligen Caesarius von Arles

[11] *J. Ratzinger*, Einführung in das Christentum (1968), München (Kösel) ²2000, 171: „Mit diesem Gedanken der Beziehentlichkeit in Wort und Liebe, unabhängig vom Substanzbegriff und nicht einzuordnen in die ‚Akzidentien', hat das christliche Denken den Kern des Personbegriffs gefunden, der etwas anderes und unendlich mehr ist als die bloße Idee des ‚Individuums' besagt (…) eine Revolution des Weltbildes".

Diese grundlegenden sprachlichen Fassungen zur Bezeichnung der Offenbarungsgeheimnisse im kirchlichen Glaubensbekenntnis entstanden in der Zeit der Konzilien von Nicäa (325) bis Chalcedon (451). Große gedankliche Beiträge zu verdanken sind u.a. Athanasius dem Großen von Alexandria (geb. um 298 in Alexandria) und den drei Kirchenlehrern aus Kappadozien, Basilius dem Großen (geb. um 330 in Caesarea), seinem Bruder Gregor von Nyssa (geb. um 335 in Caesarea) und seinem Freund Gregor von Nazianz (geb. 329 bei Nazianz).

Ohne hier auf weitere Einzelheiten und die weitere Denk- und Begriffsentwicklung – zumal im Mittelalter und in der Neuzeit – einzugehen, wird deutlich: Zur Person gehört eine dialogische Wirklichkeit, gehört eine Beziehung zu einem Du, zu anderen Personen – Offenheit für und zu Liebe und Hingabe.[12] Ein solches Verständnis drängt geradezu die These auf, Personen seien wir nur im Miteinander. Wäre Ich, auch einzeln und allein, Person? Wie könnte ich das wissen, wenn kein „Du" es mir vermittelt?

VI.

Von hier nochmals ein Blick auf die Menschenrechte, die aus meiner Personwürde folgen und sie schützen sollen. Wenn ich sage, dass ich diese Rechte habe (wie ich ein Bankguthaben „habe"), verstehe ich unter Recht etwas anderes als die Antike und – jedenfalls großteils – das Mittelalter. Klassisch war Recht das, was in der Beziehung zwischen Angehörigen der Rechtsgemeinschaft als gerecht galt: die gerechte Handlung oder Sachlage. Damit lagen die Wörter Recht und Gesetz auf einer Bedeutungsebene. Das zwischen Menschen Gerechte wurde von der Herrschaft im Gesetz kodifiziert. Sollte es jedenfalls.

Wenn wir sagen, wir *haben* Rechte (Menschenrechte, Grundrechte), ist hingegen gemeint, dass Gesetze meine Rechte nicht tangieren dürfen. Meine Rechte setzen dem Gesetz Grenzen. Sie grenzen die Herrschaft – Regierung, Gesetzgeber – ein. Die

---

[12] Näheres s. *J. Ratzinger*, Einführung in das Christentum (1968), ²2000, München (Kösel), 168 ff.

Würde der Personen steht über dem Staat. Er hat die Rechte seiner Rechtssubjekte zu respektieren. Seine Souveränität wird beschränkt. Recht und Gesetz, so dann Thomas Hobbes, treten auseinander und in einen regelrechten Antagonismus.

Explizit bedacht wurde dieser Wandel im 16. und 17. Jahrhundert, etwa von den Spaniern Francisco de Vitoria (* 1483) und Francisco Suarez (* 1548)[13] oder vom Niederländer Hugo Grotius (geb. 1583)[14]. Historische Entwicklungen in diesem Sinne hatte es lange zuvor gegeben. Beispielhaft sei verwiesen auf die Magna Charta Libertatum (1215) als Ergebnis der Auseinandersetzungen der englischen Stände mit dem König. Ihm war höchst unfreiwillig eine Zusicherung an den Adel, die Kirche, die Bauern und Bürger abgerungen worden: Unterlassungspflichten des Königs. Für den Fall, dass er gegen die Charta verstoße, hatte – ein Novum – ein Adelskonsilium Sanktionsgewalt gegen den König. Dadurch wurden die Unterlassungspflichten des Königs zu Rechten der Stände. Ein Vorgang von doppelter Bedeutung: 1. Das Recht steht über dem König; 2. Rechte schränken die Souveränität seiner Herrschaft ein.[15]

Die genannten spanischen Autoren waren konfrontiert mit dem völlig neuen Problem der Gerechtigkeit gegenüber den Indianern auf dem neu entdeckten Kontinent. Bei Hofe wie bei den Auseinandersetzungen der Gelehrten in Salamanca ging es um Fragen wie: Handelt es sich um rechtlose Barbaren, zu behandeln wie Sklaven, oder um Untertanen der Krone? Wenn Untertanen, kommen ihnen gleiche Rechte zu (ggf. eingeschränkt, ähnlich Minderjährigen, was dann allerdings auch eine Fürsorgepflicht auslöst)? Wenn gleiche Rechte, kommt die Gleichheit aus der Taufe (gem. Gal 3, 28: „Da gilt nicht mehr Jude oder Heide, nicht mehr Knecht oder Freier, nicht mehr Mann oder Frau") oder folgt sie aus der Geburt?

Die spanischen Diskussionen wurden zwar zunächst weit abseits vom Geschehen vor Ort geführt, bekräftigten aber schließ-

---

[13] De Legibus, 1612
[14] De iure belli et pacis, 1624
[15] vgl. *J. Finnis*, Menschenrechte und die letzte Begründung des Rechts, in: Lindenthal-Institut (Hrsg.): Recht auf Gerechtigkeit, Köln (Adamas), 1979, 55-81

lich die Rechtsfähigkeit der Eingeborenen. Sie lieferten beachtliche Stützen für ein sich langsam herausbildendes Völkerrecht. Für Nordamerika scheint das viel länger gedauert zu haben. Aus dem Jahr 1622 berichtet Hermann Wellenreuter von einem Streitfall zwischen dem Gouverneur in Virginia Sir George Yeardley und der Virginia Company in London. Für eine Landzuweisung an die Company erwartete der Gouverneur eine Entschädigungszahlung an den indianischen Häuptling. Die Gesellschaft lehnte ab – aus zwei Gründen: a) Zu rechtsgültiger Übertragung von Land habe der König nicht den Gouverneur, sondern nur die Virginia Company befugt; b) Die Entschädigungszahlung bedeute eine Rechtssouveränität dieses „heidnischen Ungläubigen", die die Herrschaftsrechte der Gesellschaft stark beeinträchtigt („a Soveraignity in that heathen Infidell ... and the Companies Title thereby much infringed").[16]

Jene historischen Debatten, ob ungläubige Indios als Rechtssubjekte anzusehen und zu behandeln seien, kann man sich wohl durchaus als damals ähnlich brisant und kontrovers vorstellen wie heutige Auseinandersetzungen darum, ob Ungeborene Grundrechtsträger sind.

In unser heutiges Verständnis von Personsein, Würde und Rechten des Menschen sind die frühen philosophischen und auch theologischen Bemühungen ebenso eingeflossen wie die geschichtlichen Erfahrungen, Irrungen und Wirrungen. Auch gegenwärtige Irrungen und Wirrungen sind da nicht ausgeschlossen. Kürzlich schrieb mir aus Hamburg der Rechtshistoriker Tilman Repgen, er vertrete die These, dass die Personalität des Menschen überall dort vom Recht akzeptiert wird, wo es Privatrecht gibt. Eine zentrale Fortentwicklung des 19. Jahrhunderts im Zivilrecht sei die Durchsetzung der allgemeinen

---

[16] *H. Wellenreuter*, Land, Herrschaft und Alltag. Die Indianer und die englischen Kolonien vor der amerikanischen Revolution, in: H. Thomas (Hrsg.): Amerika – eine Hoffnung, zwei Visionen, Herford (BusseSeewald), 1991, 212-243, hier: 217

und gleichen Rechtsfähigkeit, die nur vor dem Hintergrund der Personalität jedes Menschen erklärlich sei. Allerdings führe die Antidiskriminierung (AGG) zu einer Zersetzung der Privatautonomie und stehe im krassen Gegensatz zur Vertragsidee. Nicht mehr die Person als solche soll ihre Rechtsverhältnisse nach ihrem Willen frei gestalten können, sondern die Politik wisse, was für uns „gut" ist...

Privatrecht als Depositum der Personalität des Menschen? Tatsächlich transportiert das deutsche Bürgerliche Gesetzbuch geradezu von Seite zu Seite unser geschichtlich gewachsenes Verständnis von Person. Im Jahr 1900 wurde – gewiss ein interkulturelles Experiment – von Japan unser BGB sozusagen 1:1 übernommen. Es wäre interessant, der Frage nachzugehen, inwieweit hierdurch in Japan zwangsläufig Bestände des christlichen Weltbilds inkulturiert worden sind.

Robert Spaemann

Was macht Personen zu Personen?*

1. Personalität und Individualität

Vor drei Jahren hielt ich Vorlesungen über kulturphilosophische und ethische Themen vor der Chinesischen Akademie der Sozialwissenschaften in Peking. In der Diskussion distanzierte sich ein chinesischer Kollege vom europäischen Individualismus. Der Mensch sei zuerst und vor allem ein Mitglied der Gesellschaft. Die Gesellschaft habe deshalb den unbedingten Vorrang vor den Interessen und Rechten der Individuen. Ich erwiderte dem Kollegen, dass ich seine Kritik am Individualismus der liberalen Gesellschaft des Westens teile. Als John F. Kennedy im Wahlkampf seinen Hörern zurief: „Fragt nicht, was Amerika für euch tut, fragt, was ihr für Amerika tun könnt", da war es vor allem die Jugend, die diesem Appell folgte und Kennedy wählte. Ob heute noch ein Politiker mit dieser Parole die Stimme der Jugend bekäme, ist fraglich. Sicher aber ist, dass eine Gesellschaft im Ernstfall keinen Bestand hat, wenn sie aus lauter Individualisten besteht, denen der Begriff des Opfers zu einem Fremdwort geworden ist. Die Schlussfolgerung des Kollegen konnte ich allerdings nicht zustimmen. „Du bist nichts, dein Volk ist alles", dieser Spruch begegnete mir in meiner Jugend in Nazideutschland bis zum Überdruss, und ich habe mich damals schon gefragt, was ich mir denn unter einem Volk aus lauter Nichtsen vorstellen soll. 0 plus 0 bleibt allemal 0, wie ich im Rechenunterricht lernte. Ich fragte den Kollegen, warum ich denn in Peking Denkmäler und Gedenktafeln für Menschen finde, die ihr Leben geopfert haben für China oder für den Sozialismus. Müsste man nicht sagen: sie haben ihren Dienst getan, wie jede Ameise ihren Dienst tut, und ihr Tod macht Platz für andere. Auf sie kommt

---

* Überarbeitete Fassung des gleichlautenden Vortrags an der LMU München vom 22.10.2010.

es nicht mehr an. Tatsächlich denken Sie, so sagte ich, glücklicherweise nicht so. Weil diese Menschen sich geopfert haben, sind sie selbst groß. Und ich würde weiter gehen und sagen: sie sind größer als das, wofür sie sich geopfert haben. Dieser Gedanke ist ebenso wahr wie schwer zu denken. Und um ihn wirklich zu denken, bedarf es wohl jenes Begriffs, den der Marxismus so wenig kennt wie der nationalistische Kollektivismus, des Begriffs der Person.

Person meint nicht einfach das Individuum. Das Individuum ist ein Teil des Gemeinwesens, dem es angehört und das ihm zu leben ermöglicht. Indem das Individuum aber sich freiwillig dem Ganzen als Teil unterordnet, ist es weit mehr als ein Teil. Es ist selbst das Ganze. Es wird inkommensurabel. Zwei Individuen sind mehr als ein Individuum. Sie sind wertvoller. Ihr Leben zu retten, ist, wenn man vor der Alternative steht, wichtiger als das Leben eines Menschen zu retten. Und bei der Zuteilung knapper Spenderorgane bleibt uns gar nichts anders übrig als das Leben der möglichen Empfängers zu evaluieren. So fand Maximilian Kolbe, der polnische Priester, dass das Leben eines zum Tode durch Verhungern verurteilten Familienvaters wichtiger sei als sein eigenes Leben, und so starb er im Tausch gegen das Leben dieses Mannes. Durch diese Handlung aber entzieht sich Maximilian Kolbe eben jener Evaluierung, die seiner Handlung zu Grunde lag. Sie macht vielmehr deutlich, was es heißt, Personen haben nicht einen Wert, sondern eine Würde.

Würde aber ist im Unterschied zum Wert das, was keinen Preis hat. Und den Träger solcher Würde nennen wir „Person". Wir billigen ihm einen Status zu, der uns zu der Bereitschaft nötigt, alle Handlungen, deren Folgen ihn betreffen, ihm gegenüber zu rechtfertigen. Auch Handlungen ,deren Folgen Tiere betreffen, sind rechtfertigungsbedürftig. Aber nicht vor den Tieren, sondern vor uns selbst. Denn Tiere können nicht unterscheiden zwischen rechtfertigungsbedürftigen und rechtfertigungsunbedürftigen Verletzungen ihrer Interessen. Wir können nicht erwarten, dass sie irgendwelchen Verletzungen ihrer Wünsche und Bedürfnisse aus Gerechtigkeitserwägungen zustimmen. Menschen können das. Das macht sie zu identifizierbaren Personen.

2. Zur Geschichte des Personenbegriffs

Was macht eine Person zur Person? Was gibt ihr den Status des Selbstzwecks, der es verbietet, sie einfach Zwecken unterzuordnen, die prinzipiell die ihren nicht sein können? Meine erste Antwort, die ich erst später begründen werde, ist: die Zugehörigkeit zu einer Spezies, deren normale erwachsene Individuen über diejenigen Eigenschaften verfügen, derentwegen wir von Personen sprechen.

Aber was sind das für Eigenschaften? Zur Beantwortung dieser Frage ist es beinahe unerlässlich, die Begriffsgeschichte zu konsultieren.[1] Der klassische lateinische Begriff „persona" meint nämlich nicht das, was wir heute unter Personen verstehen. Er meint die Rolle des Schauspielers und, in metaphorischer Erweiterung des Begriffsfeldes, die Rolle, die jemand in der menschlichen Gesellschaft spielt. Auf unseren Theaterzetteln gibt es noch diese Bedeutung, wenn es dort heißt: „Die Personen und ihre Darsteller". Wir würden heute umgekehrt die Darsteller Personen nennen. Und wenn der Apostel Paulus schreibt, dass Gott nicht auf die Person sieht[2], dann ist das wiederum der antike Sprachgebrauch und will sagen, Gott sieht nicht auf den sozialen Status eines Menschen. Sondern worauf? Eben auf das, was wir heute Personen nennen, auf „den Menschen selbst".

Der nachantike und moderne Personenbegriff hat seine Wurzel in der christlichen Theologie. Dort diente er zweimal dazu, ein scheinbar unlösbares theologisches Problem zu lösen, und zwar das trinitarische und das christologische Problem. Ich kann das hier nur in größter Kürze referieren. Die Väter der frühchristlichen Konzilien sahen sich einerseits durch Aussagen des Neuen Testaments vor die Aufgabe gestellt, die Gottgleichheit Jesu zu denken, Jesus einerseits nicht einfach mit dem Gott, den er selbst seinen Vater nennt, zu identifizieren, andererseits aber nicht drei Götter einzuführen, sondern am strengen Monotheismus festzuhalten. Der Personbegriff, den

---

[1] Vgl. dazu *R. Spaemann*, Personen. Versuche über den Unterschied zwischen ‚etwas' und ‚jemand'. Stuttgart, ³2006, 26 ff.
[2] Vgl. Römer 2,11.

die Kirche des Westens, Tertullian folgend, dazu bemühte, entstammte nicht dem Theater, sondern der Grammatik. Die lateinischen Grammatiker sprachen nämlich, wie noch wir, von der ersten, zweiten und dritten Person. Dies tat nun auch Tertullian, indem er sagte, dass Gott zwar ein einziges Wesen, eine einzige essentia und substantia, besitzt. Aber dass er dieses Wesen nicht ist, sondern eben besitzt. Und zwar dreifach besitzt. Aber nicht in dem Sinne, wie wir von einer dreifachen Instantiierung eines Begriffs sprechen, von drei Exemplaren einer species. Es ist vielmehr die singuläre göttliche Wesenheit, die Gott als die seine erkennt, und zwar so adäquat erkennt, dass das Ebenbild des Vaters in allem dem Vater gleicht, also auch darin, in sich selbst lebendig zu sein. Und das Gleiche gilt für die Liebe des Vaters zum Sohn, die wiederum das ganze göttliche Wesen enthält, aber nun als Gabe. Auch in dieser Form subsistiert die eine göttliche Wesenheit ein drittes Mal, diesmal als das hagion pneuma, als Heiliger Geist. Diese drei Subsistenzweisen der einen göttlichen Wesenheit, die im Osten Hypostasen genannt wurden, nannte man im Westen Personen, die drei göttlichen Personen, die alle drei nicht ihr Wesen unmittelbar *sind*, sondern es auf dreifache Weise *haben*.

Der gleiche Personbegriff diente dann in den christologischen Auseinandersetzungen der ersten christlichen Jahrhunderte dazu, Jesus zugleich als wahren Gott und als wahren Menschen, also nicht als Mischwesen, als Halbgott, denken zu können. Die Formel, auf die die orthodoxe Christenheit sich einigte, war: Jesus ist eine, und zwar die zweite göttliche Person, die neben ihrer göttlichen Natur noch eine menschliche Natur angenommen hat, und in dieser Natur etwas kann, das er eben als Gott nicht kann: leiden. Eine Person also, die zwei Naturen besitzt. Auch hier ist die Pointe wieder, dass die Person nicht einfach identisch mit ihrer Natur ist, sondern ihre Natur *hat* und als von ihr gehabter Subsistenz gibt.

Dieser in theologischem Kontext entwickelte Personenbegriff entfaltete erst im Mittelalter und in der Neuzeit sein anthropologisches Potential. Personen sind Wesen, deren Seinsweise ein Selbstverhältnis ist. Wesen, die nicht einfach sind, was sie sind, sondern sich zu dem, was sie sind, verhalten. Ihr Sein ist das Haben einer Natur, das Haben eines Körpers und sogar das Haben einer Innerlichkeit. Menschen sind Eigentümer. Tiere können etwas besitzen, aber in der bürgerlichen Welt unterscheiden wir Besitz und Eigentum. Eigentum, also das, was mir gehört, sogar wenn ich es gar nicht weiß und es nur aus einer Eintragung im Grundbuch hervorgeht. Eigentum unterscheidet sich auch dadurch vom Besitz, dass ich es veräußern, verkaufen oder verschenken kann. „Habeas Corpus" ist eine frühe Formel für die Achtung, die Personen geschuldet ist.

3. Identität der Person

Das Selbstverhältnis, das das Personsein ausmacht, wird deutlich in dem, was Harry Frankfurt als „*secondary volitions*" bezeichnet, ein Wünschen und Wollen zweiter Stufe, in dem wir uns zu dem, was wir auf der ersten Stufe wollen, noch einmal verhalten.[3] Wir können wünschen, bestimmte Wünsche, die wir haben, nicht zu haben. Der Fall der Drogensucht ist hierfür nur ein extremes Beispiel. Und „*secondary volitions*" beziehen sich nicht nur auf primäre Wünsche und Willensakte, sondern auf unser ganzes Sosein. Wir können uns ärgern über unser Aussehen und über bestimmte Charaktereigenschaften. Und wenn jemand uns im Sinne von Leibniz antworten würde: „Wenn du andere Charaktereigenschaften hättest, wärest du ja nicht mehr du", dann würde uns das nicht beeindrucken.

Die Identität der Person ist eine numerische und nicht qualitative. Daher gibt es Träume und deren literarische Gestaltung, in denen jemand sich verwandelt und z.B. zu einem Tier wird. Aber nicht in dem Sinne, dass dort wo vorher ein Mensch war, nun ein Tier ist, sondern das Tier bin ich. Oder es gibt Träume, in denen wir jemandem begegnen, den wir kennen, aber der sein Aussehen völlig verändert hat. Wir sehen nicht, aber wir *wissen*, dass es dieser oder jener Mensch ist.

Personale Identität, so sagte ich, ist numerische Identität. Sie ist zugleich das Tiefste und das Banalste. Wir sprechen ja auch von so und so vielen „Personen", die wir heute zum Abendessen

---

[3] Vgl. *H. Frankfurt*, „Freedom of the Will and the Concept of a Person", in: The Journal of Philosophy 68 (1971), 5-20, 6f.

erwarten oder wir sprechen von Personenzügen statt Güterzügen, und es käme uns ungebührlich geschwollen und feierlich vor, wenn wir statt dessen von Menschen reden würden. Personen stehen im Personenstandsregister und da bleiben sie, ungeachtet aller Wandlungen dessen, was man heute persönliche Identität nennt, zwar nicht die gleichen, aber immer dieselben. Personale Identität ist nichts Psychologisches. Entgegen dem, was John Locke meinte, ist hier nur das Gute und das Schlechte anzurechnen, an das sie sich erinnert.[4] Woran andere sich mit Bezug auf sie erinnern, gehört ebenso zu ihr. Personalität gibt es überhaupt nur im Plural, als Personengemeinschaft, in der Subjekte füreinander objektiv werden. Ein nicht trinitarischer Monotheismus kann Gott nicht wirklich als Person denken, denn es gibt keine Person ohne eine andere Person, wie es keine Zahl gibt ohne andere Zahlen. Der Spinozismus ist deshalb die logische Konsequenz eines nichttrinitarischen Monotheismus.

Ich möchte zur Verdeutlichung des Gesagten drei menschliche Aktarten nennen, die spezifisch personaler Natur sind, nachdem ich von den *„secondary volitions"* schon gesprochen habe. Nämlich Versprechen, Reue und Verzeihen. Versprechen ist deshalb möglich, weil wir nicht einfach unsere Natur *sind*, sondern diese Natur *haben* und in einem gewissen Maß über sie disponieren können. Wenn ich jemandem für übermorgen Abend meinen Besuch angekündigt habe, um ihm bei der Lösung eines technischen Problems behilflich zu sein, dann heißt das nicht nur, dass ich jetzt willens bin, ihn übermorgen zu besuchen. Denn das könnte ja bedeuten, dass ich übermorgen dazu gar nicht mehr willens bin, weil ich etwas anderes vorhabe. Das Besondere der Person ist, dass sie heute schon entscheiden kann, was sie übermorgen wollen wird. Diese Entscheidung könnte sie ja nun morgen einfach revidieren. Aber indem sie dem anderen verspricht zu kommen, räumt sie ihm einen Anspruch auf sein Kommen ein und macht den Menschen so unabhängig von augenblicklichen Launen. Sie übergibt ihren Willensentschluss der Personengemeinschaft und enthebt ihn so den Kontingenzen der Subjektivität. Das ist höchster Aus-

---

[4] Vgl. *J. Locke*, An Essay Concerning Human Understanding, hg. von P.H. Nidditch, Oxford 1975, II, 27.

druck personaler Freiheit. Versprechen dürfen ist für Nietzsche das Privileg wirklich freier Menschen.[5] Das gilt natürlich in höchstem Maß für ein lebenslang bindendes Versprechen wie das Eheversprechen, in dem jeder Partner seine eigene Entwicklung auf Gedeih und Verderb mit der des anderen verbindet, so wie zwei Jazzspieler, deren jeder seine Improvisation nur noch in funktionalem Zusammenhang mit denen des anderen entwickelt. Heute entscheiden können, was ich morgen wollen werde und diese Entscheidung selbst transzendierend in einen Anspruch des anderen verwandeln – das ist ein spezifischer Ausdruck von Personalität.

Reue bezieht sich auf die Vergangenheit. Es tut mir leid, etwas getan oder etwas unterlassen zu haben. Und zwar nicht im Sinne des Katzenjammers wegen der nicht gewollten vielleicht nicht vorhergesehenen Folgen der Handlung, nicht, weil etwas herausgekommen ist, was ich geheim halten wollte, usw. Sondern es bekümmert mich, dass ich ein solcher war, der das tun oder unterlassen konnte. D.h. die Reue ist wiederum eine Form von Selbstverhältnis. In ihr verändere ich mein Sosein. Und wir würden einem Menschen, der etwas sehr Scheußliches getan hat, für die Zukunft kein Vertrauen schenken, wenn er nur glaubhaft erklären würde, dasselbe in Zukunft nicht wieder zu tun, während er es ablehnt, sich noch einmal der Vergangenheit zuzuwenden und Schmerz darüber zu empfinden, dass er jemand war, der dies tun konnte. Max Scheler hat in seiner berühmten Schrift „Reue und Wiedergeburt" hierzu Erleuchtendes geschrieben.[6]

Schließlich wird, was wir meinen, wenn wir von Personen sprechen, deutlich im Akt des Verzeihens. Tieren verzeiht man nicht und braucht ihnen nicht zu verzeihen, weil sie durch ihr Verhalten nicht schuldig werden können. Sie sind wie sie sind, was sie tun, geht aus dem, was sie sind, mit Notwendigkeit hervor. Verzeihend erlaubt und ermöglicht mir ein anderer, mich nicht definieren zu müssen durch die Summe meiner Handlun-

---

[5] Vgl. *F. Nietzsche*, Zur Genealogie der Moral, hg. von G. Colli und M. Montinari, Bd. V, Berlin-New York 1999, 293.
[6] *M. Scheler*, „Reue und Wiedergeburt", in: *Ders*., Vom Ewigen im Menschen (= Gesammelte Werke Bd. 4), Bonn [6]2000, 27-59.

gen. Der Verzeihende sagt nicht zu seinem Schuldner: „So bist du eben. Du bist und bleibst für mich der, der dies tat oder unterließ." Sondern er sagt: „Du bist nicht für immer der, der dies tat. Für mich bist du ein anderer." Und kraft der Verzeihung ist es mir tatsächlich möglich, neu anzufangen und das Alte zu begraben. Verzeihen ist ein eminent schöpferischer Akt, wenn er etwas anderes ist als Gleichgültigkeit und Bequemlichkeit. Dem unbarmherzigen „So bist du eben" entspricht übrigens auf der anderen Seite das trotzige und unverschämte „So bin ich eben", wenn jemand einen anderen verletzt hat. „So bin ich eben, ob dir das passt oder nicht. Du musst mich eben nehmen wie ich bin." Man nennt das auch „Stehen zu sich selbst", aber das ist ein Missbrauch dieses Ausdrucks. Stehen zu sich selbst, das heißt, das Getane sich zuzurechnen und sich zurechnen zu lassen. Aber es sollte nicht jene Unverschämtheit idealisieren, mit der jemand es ablehnt, sein Sosein zu revidieren und sich verzeihen zu lassen.

4. Natur der Person

Personen bilden keine Spezies, die indifferent ist gegen die Zahl der Exemplare, die ihr angehören. Personen bilden eine apriorische Personengemeinschaft. Menschen sind eine Spezies. Und wie jedes Lebewesen steht jeder Mensch erlebend im Mittelpunkt seiner Welt. Als Person aber tritt er aus diesem Mittelpunkt heraus und sieht sich selbst sozusagen von außen. Mit dem Schiff auf dem Ozean fahrend sind wir immer im Mittelpunkt des Rundhorizonts. Aber als denkende Wesen sehen wir uns mit einem view from nowhere. Das Fähnchen auf der Schiffskarte zeigt uns jeden Tag die Position unseres Schiffes. Und als Personen wissen wir, dass die Menschen in dem Schiff, das ganz klein am Horizont zu sehen ist, auch im Mittelpunkt ihrer Welt sind und wir von ihnen aus gesehen ganz klein. D.h. Personen sind wahrheitsfähige Wesen. Weil sie ihre Natur *haben* und nicht sind, können sie aus der Mitte heraustreten, von der aus sie alles auf sich beziehen. Sie können sich als Teil der Welt des anderen begreifen.

Ich sah vor längerer Zeit auf einem Autoaufkleber den Satz: „Denk an deine Frau. Fahr vorsichtig." Das illustriert, was ich sagen möchte. Die Sorge für und um ein zugehöriges Wesen ist allen höheren Lebewesen gemeinsam. Aber auf sich selbst achtzugeben, weil ich Teil der Welt des anderen bin und ihm den Verlust ersparen möchte, das kennzeichnet den Menschen als Person. Es kennzeichnet seine „exzentrische Position", wie Helmuth Plessner sie genannt hat.[7] Das ist wohl auch der Sinn der Rede vom „Tun der Wahrheit", mit der das Johannesevangelium die personale Liebe bezeichnet.

Das Selbstverhältnis, das Personen charakterisiert, ist der Grund ihrer Wahrheitsfähigkeit. Allein die Tatsache, dass sie von der Perspektivität ihrer Wirklichkeitswahrnehmung *wissen*, erhebt sie über diese Perspektivität. Sie hebt die Perspektivität nicht auf. Endliche Personen sind nicht Gott. Und wenn sie glauben es zu sein, sind sie es am wenigsten. Das gilt z.B. für Utilitaristen wie Peter Singer, für den die fundamentale ethische Pflicht in der Optimierung der Welt besteht.[8] Wenn zwei Kinder ins Wasser fallen und ich kann nur eines retten, dann ist es nach Singer nicht mein Recht, zuerst das eigene Kind zu retten. Retten muss ich das wertvollere Kind, also das begabtere und mit mehr Möglichkeiten des Lebensgenusses ausgestattete. Nähe und Ferne sind für ihn ethisch irrelevante Begriffe.[9] Es gibt nicht das, was die Tradition seit Augustinus den ordo amoris nennt.

Wenn das Sein der Person ein Selbstverhältnis ist, also das *Haben* einer Natur, dann verwirklicht sich die Person nicht im Ignorieren der Natur. Die der Natur innewohnenden Neigungen, Hunger, Durst, Sexualverlangen, Bedürfnis nach Wärme und einem Dach über dem Kopf begründen prima facie-Pflichten, sowie unsere primäre Weltwahrnehmung Wahrheitsvermutungen begründet. Und die Befriedigung der genannten elementaren Bedürfnisse ist nicht etwas Animalisches, sondern geschieht in personalen Handlungen, wie Essen, Trinken, ge-

---

[7] Vgl. *H. Plessner*, Die Stufen des Organischen und der Mensch, Berlin-New York ³1975, 288 ff.
[8] Vgl. *P. Singer*, Praktische Ethik, Stuttgart 1994, 30 ff.
[9] Vgl. *P. Singer*, Praktische Ethik, 220.

schlechtlichem Umgang usw. Der Begriff der Person ist es gerade, der es verbietet, den Menschen in zwei Teile zu zerlegen, den unteren, animalischen und darüber eine reine Vernunft. Der Mensch ist weder ein Tier noch ein Engel und er ist auch nicht beides zugleich. Seine biologische Natur ist bereits eine humane, und seine Vernunft ist eine biologisch konditionierte, die von dieser Konditionierung weiß und sich zu befreien strebt. Unsere Freiheit ist Verlangen natürlicher Wesen nach Freiheit.

Wenn wir das bisher Gesagte bedenken, dann könnte sich der Schluss nahe legen, die Anerkennung von Menschen als Personen vom tatsächlichen Vorhandensein derjenigen Eigenschaften abhängig zu machen, durch die Personalität definiert ist.

Es scheint nahezuliegen, nur Wesen als Person zu betrachten, die tatsächlich über so etwa wie Selbstbewusstsein, also über ein bewusstes Verhältnis zu sich und zu ihrem Leben verfügen. In den Debatten der letzen Jahrzehnte ist diese Forderung auch immer wieder erhoben worden. Das heißt, man hat Embryonen, Kleinkindern, geistig schwer Behinderten und Altersdementen das Personsein abgesprochen und verlangt, in den Verfassungen der europäischen Länder ebenso wie der UNO den Begriff der Menschenwürde durch den der Personenwürde zu ersetzen. Diese Denkrichtung ist nicht ohne jede Verwurzelung in der europäischen Tradition. Sie hat zwar den größten Revolutionär Immanuel Kant eindeutig gegen sich. Aber sie hat eine gewisse Stütze bei Thomas von Aquin, der glaubte, alle Menschen außer Jesus Christus hätten in den ersten Dekaden ihrer embryonalen Existenz zunächst eine animalische Seele, die Gott dann durch einen Schöpfungsakt durch eine menschliche, also personale Seele ersetzte. Diese Auffassung hat heute, aus wissenschaftlichen Gründen, kaum mehr Anhänger. Immer dominierender aber ist das Personenverständnis John Lockes geworden. Locke will sein „ontological commitment" strikt auf die Inhalte innerer oder äußerer empirischer Wahrnehmung beschränken und schließt damit alle Resultate ontologischer Transzendenz ebenso aus wie alle Resultate einer transzendentalen Reflexion. Personalität ist für ihn deshalb nicht eine Weise zu *sein*, die durch bestimmte Bewusstseinszustände erkennbar wird, sondern Personalität *ist* nichts als ein solcher Bewusstseinszustand. Es ist der Zustand einer sich ihrer selbst über den Fluss der Zeit hinweg als identisch erlebenden Subjektivität.¹⁰ Da es für den Empirismus nur äußerlich oder innerlich erfahrbare Gegenstände gibt, nicht aber so etwas wie Träger solcher Gegenstände, so gibt es auch keine bewusstlosen oder schlafenden Personen. David Hume ist dann noch einen Schritt weiter gegangen und hat Personalität überhaupt geleugnet.¹¹ Denn genau genommen gibt es ja gar keine zeitübergreifende Erfahrung, so meinte er. Es gibt zwar Erinnerung, aber jede Erinnerung findet ja als gegenwärtiges Erlebnis hier und jetzt statt. Erinnerung ist nicht die Gegenwart der Vergangenheit sondern die Gegenwart eines jetzigen Bildes von dem, was wir jetzt für die Vergangenheit halten. Erinnerung kann deshalb ja auch täuschen. Es gibt daher immer nur aktuelle instantane Erlebnisse, aber nicht eine zeitübergreifende Identität, auf die sich das Personalpronomen „ich" bezieht. In der Linie von Locke liegt heute z.B. Derek Parfit mit seinem Buch „Reasons and Persons".¹² Für Parfit gibt es keine Kontinuität der Person über den Schlaf hinaus. Schlafende sind keine Personen, und wer aufwacht, ist nicht dieselbe Person, die zuvor einschlief. Jeder Schlaf beendet die Existenz einer Person. Die aufwachende erbt von der entschlafenen Gedächtnisinhalte aufgrund der physiologischen Identität des Lebewesens Mensch und seines Gehirns.¹³ Es ist interessant, dass Parfit auf diese Weise eine neue Begründung der Pflichten des Menschen gegen sich selbst gibt, Pflichten, die sonst nur religiös begründet werden können. Die Pflichten gegen ein von mir unterschiedenes Wesen, also für eine Art von Nachkommen.

Hier also wird die Personalität vom Menschen klar getrennt. Es gibt Menschen als Lebewesen und es gibt personale Zustände vieler, aber nicht aller dieser Menschen. Das Sein der Person be-

---

¹⁰ Vgl. *J. Locke*, An Essay Concerning Human Understanding, 335.
¹¹ Vgl. *D. Hume*, A Treatise of Human Nature, hg. Von L.A. Selby-Bigge, Oxford 1978, Book I, part VI, sect.VI.
¹² Vgl. *D. Parfit*, Reasons and Persons, Oxford 1984.
¹³ Vgl. *D. Parfit*, Reasons and Persons, 275: *„The existence of a person, during any period, just consists in the existence of his brain and body, and the thinking of his thoughts, and the doing of his deeds, and the occurrence of many other physical and mental states"*; sowie 279: *„[I]dentity is not what matters. What matters is Relation R: psychological connectedness and/or psychological continuity, with the right kind of cause."*

ginnt also nicht mit seiner Existenz als lebendiger Organismus, sondern erst mit dem allmählichen Erwachen bestimmter Bewusstseinszustände. Wie sehr sich diese Auffassung unmerklich verbreitet hat, ist daran zu sehen, dass kein Geringerer als der Vorsitzende der deutschen Bischofskonferenz vor Jahren im Zusammenhang mit der Debatte über den so genannten Hirntod erklärte, es könne ja sein, dass der Hirntod nicht der Tod des Menschen sei, jedenfalls aber sei er der Tod der Person.

Ich möchte gegen diese Auffassung argumentieren und die These verteidigen, dass Personsein nicht eine Eigenschaft, sondern das *Sein* des Menschen ist und deshalb nicht später beginnt als die Existenz eines neuen, mit dem elterlichen Organismus nicht identischen menschlichen Lebens.

Personen sind keine natürliche Art, die wir durch Beschreibung identifizieren können. Niemand kann uns vorschreiben, wann wir das Wort „Person" gebrauchen sollen und wann nicht. Es handelt sich hier überhaupt nicht um eine theoretische, sondern um eine praktische, eine ethische Frage. Jemand „jemand" und nicht „etwas" nennen, ist ein Akt der Anerkennung, zu dem niemand gezwungen werden kann. Dennoch ist diese Entscheidung nicht willkürlich. Der Akt der Anerkennung von jemandem als „jemand" und nicht „etwas", der mit unserem Gebrauch des Wortes „Person" verbunden ist, hat eine immanente Logik. Eine ungerechtfertigte Einschränkung des Kreises derer, dem diese Anerkennung zuteil wird, verändert die Natur dieses Aktes auch gegenüber denen, die als Personen anerkannt werden. Eine ungerechtfertigte Datierung des Beginns dieser Anerkennung am Anfang des Lebens zieht eine ungerechtfertigte Beendigung im letzten Stadium des Lebens nach sich.

Eine Person ist „jemand" und nicht „etwas". Es gibt keinen kontinuierlichen Übergang von etwas zu jemand. Es wäre nicht korrekt zu sagen: „‚Jemand' ist etwas mit den und den Eigenschaften." Jemand ist nicht etwas. Wir müssen deshalb, um zu sagen, was wir mit „jemand" meinen, tautologisch sagen: „‚Jemand' nennen wir jemanden, der die und die Eigenschaft hat." Aber auch das ist nicht korrekt. Als jemanden betrachten wir nämlich manche Wesen und zwar insbesondere Menschen auch dann, wenn sie faktisch diese Eigenschaften gar nicht besitzen. Unsere Einstellung ist vielleicht am besten charakterisiert durch den Satz von David Wiggins: „[A] *person is any animal the physical make-up of whose species constitutes the species' typical members thinking intelligent beings, with reason and reflection, and typically enables them to consider themselves as themselves, the same thinking things, in different times and places.*"[14] An dieser Definition beanstande ich nur das Wort *"thinking things"*. Niemand von uns wird ein denkendes Wesen ein Ding nennen.

5. Personalität und Intersubjektivität

Dass das tatsächliche Vorliegen der typischen Merkmale von Personen nicht die Bedingung von Personalität ist, können wir uns leicht am Gebrauch der Personalpronomen „ich" und „du" deutlich machen, Jeder von uns sagt „ich wurde dann und dann geboren" oder „ich wurde in der und der Stadt gezeugt", obgleich das Wesen, das damals gezeugt und geboren wurde, nicht „ich" sagen konnte. Das Personalpronomen „ich" bezieht sich nicht auf ein „Ich" – das „Ich" ist eine Erfindung der Philosophen – sondern auf ein Lebewesen, das später irgendwann einmal „ich" zu sagen begann. Und die Identität dieses Lebewesens ist unabhängig von dem, woran es sich faktisch erinnert. Jemand kann Adressat von Dank und Vorwürfen für Taten sein, die er selber vergessen hat. Und natürlich sagt eine Mutter zu ihrem Kind: „als ich mit dir schwanger war" oder „als ich dich geboren habe", usw. Und nicht: „als ich einen Organismus in mir trug, aus dem später du wurdest." Alle Versuche, Personalität von der Vitalität, von der Existenz eines menschlichen Organismus abzulösen, sind kontraintuitiv. Sie sind unvereinbar mit dem Sprachgebrauch jedes normalen Menschen.

Diese Normalität ist übrigens die Bedingung dafür, dass Menschen diejenigen Eigenschaften entwickeln, die für Personen charakteristisch sind. Keine Mutter hat das Gefühl, ein Ding, ein Etwas solange durch Reden zu konditionieren, bis es anfängt, selbst zu sprechen. Ein Kind lernt deshalb auch nicht durch einen Computer zu sprechen. Die Mutter regrediert viel-

---

[14] *D. Wiggins*: Sameness and Substance, Oxford 1980, 188.

mehr im Umgang mit dem Baby auf ein kindliches Niveau und geht mit ihm um von Mensch zu Mensch.

Sie sagt „Du" zu dem Kind, sie behandelt es als kleine Person und nur weil das Kind bereits als Person behandelt wird, wird es zu dem, was es von Anfang an war und als was es von Anfang an betrachtet wurde. Wer das Personsein des Menschen von seinem Lebendigsein trennt, schneidet das Band der Interpersonalität durch, innerhalb dessen Personen erst das werden können, was sie sind. Denn Personen gibt es nur im Plural. Das Wort „Person" für Gott zu gebrauchen, hat nur Sinn im Kontext der Trinitätslehre.

Ein weiteres Argument gegen die Knüpfung des Personseins an das tatsächliche Vorliegen bestimmter Eigenschaften ist dies: diese Bedingung verwandelt den Akt der Anerkennung von Personen in einen Akt der Kooptation. Sie liefert die Hinzukommenden der Willkür der bereits sich gegenseitig Anerkennenden aus. Denn diese sind es ja, die die Eigenschaften definieren, aufgrund deren jemand in die Personengemeinschaft kooptiert wird. Wie sehr es sich hier um Willkür handelt, sehen wir daran, dass die Meinungen der Wissenschaftler über den Beginn der Personenrechte extrem auseinander gehen. Die einen wollen mit dem Lebensschutz im dritten Monat der Schwangerschaft beginnen, andere mit dem Augenblick der Geburt, wieder andere mit der 6. Woche nach der Geburt, und Peter Singer spricht – konsequenterweise – Neugeborenen so etwas wie ein Lebensrecht ab.[15] Wenn wir die Zugehörigkeit zur Spezies homo sapiens und die Abstammung von anderen Mitgliedern dieser Spezies als einziges Kriterium aufgeben, dann wird es zu einer reinen Frage nach der Macht, welchem Menschen Personenrechte zukommen und welchen nicht.

Es gehört zur Würde der Person, das sie nicht als kooptiertes, sondern als geborenes Mitglied ihren Platz innerhalb der universalen Personengemeinschaft einnimmt.

Jeder Mensch gehört dieser Gemeinschaft dadurch an, dass er der Familie der Menschen angehört, also dadurch, dass er mit Menschen verwandt ist. Die Evolutionsbiologie, repräsentiert z.B. durch Ernst Mayr, hat sich davon verabschiedet, die

---

[15] Vgl. *P. Singer*, Praktische Ethik, 219.

Spezies als Klasse zu definieren, der die Exemplare auf Grund von Ähnlichkeiten angehören, wie es bei der Klassifizierung unbelebter Dinge der Fall ist. An die Stelle des Begriffs der Klasse tritt der Begriff der Population. Einer Population aber gehört ein Tier an durch genealogische Beziehung, also durch gemeinsame Abstammung und durch sexuelle Interaktion. Verwandtschaftliche Beziehungen zwischen Menschen aber sind nie etwas nur Biologisches. Es sind immer zugleich personale Beziehungen. Vater und Mutter, Sohn und Tochter, Bruder und Schwester, Großvater und Großmutter, Enkel und Enkelin, Cousin und Cousine, Onkel und Tante, Schwager und Schwägerin sind bestimmte Plätze in einer interpersonalen Struktur. Und jeder, der einen solchen Platz einnimmt, besitzt ihn vom Beginn seiner biologischen Existenz und behält ihn für die Zeit seines Lebens, ja darüber hinaus. Ganz im Unterschied zu fast allen Tieren. Ein Embryo ist Kind seiner Eltern vom ersten Augenblick seiner Existenz an. Als Mitglied einer menschlichen Familie aber ist er Mitglied einer Personengemeinschaft, als Mitglied einer Personengemeinschaft aber ist er Person, ganz unabhängig von irgendwelchen Eigenschaften. Von Peter Singer wird berichtet, dass er sich auf schöne Weise um seine Mutter kümmert, die an Alzheimer erkrankt ist. In einem Interview gefragt, wie dieses Verhalten passe zu seiner Überzeugung, dass diese Krankheit die Personalität auflöse, habe er erwidert, es sei eben doch seine Mutter.[16] Das ist es: die Mutter bleibt die Mutter und der Sohn bleibt der Sohn. Diese Beziehung aber ist eine personale, ganz unabhängig davon, ob sie subjektiv von den beiden Personen realisiert wird, und deshalb bleibt die Mutter Person, solange sie lebt, ebenso wie der Sohn Sohn ist, seit er lebt. Wenn die biologische Verwandtschaft nicht zugleich etwas Personales wäre, wie wäre es dann zu erklären, dass uneheliche und adoptierte Kinder spätestens in der Pubertät den Wunsch entwickeln, ihren leiblichen Vater oder ihre leiblichen Eltern kennen

---

[16] *„I think this has made me to see how the issues of someone with these kinds of problems are really very difficult. Perhaps it is more difficult than I thought before, because it is different when it's your mother."* In: *M. Specter*, „The Dangerous Philosopher", in: The New Yorker, September 6 (1999), 46-55, 55.

zu lernen? Sie betrachten die Beziehungen zu einem Verwandten, den sie gar nicht kennen, als Teil ihrer personalen Identität. Übrigens gilt Analoges für die sexuelle Beziehung zwischen Mann und Frau. Auch sie ist nie etwas bloß Biologisches. Wo sie darauf reduziert wird, handelt es sich um eine Depravation.

6. Ursprung der Person

Die Frage nach dem zeitlichen Beginn menschlicher Personalität fragt eigentlich nach etwas Unbeantwortbarem. Denn Personalität ist etwas Überzeitliches. Durch sie nimmt der Mensch teil am mundus intelligibilis. Sie bedeutet, dass der Mensch ein wahrheitsfähiges Wesen ist. Wahrheit aber ist überzeitlich. Dass wir heute beisammen sind, war immer und wird in alle Ewigkeit wahr bleiben. Weil Personalität Teilhabe an der Überzeitlichkeit ist, ist jeder Versuch vergeblich, für sie einen zeitlichen Augenblick des Beginns anzugeben. Ebenso wie wir den Augenblick des Todes nicht feststellen, sondern nur rückblickend sagen können: „jetzt ist dieser Mensch nicht mehr am Leben." So auch können wir immer nur, sobald wir es mit einem menschlichen Wesen zu tun haben, sagen: „dies ist eine Person." Genau so hat es übrigens Immanuel Kant gesehen, wenn er schreibt: „[D]a das Erzeugte eine Person ist, und es unmöglich ist, sich von der Erzeugung eines mit Freiheit begabten Wesens durch eine physische Operation eine Begriff zu machen, so ist es eine in *praktischer* Hinsicht ganz richtige und auch notwendige Idee, den Akt der Zeugung als einen solchen anzusehen, wodurch wir eine Person [...] auf die Welt [...] gesetzt haben."[17] Die Gleichsetzung der Personwerdung mit der Zeugung ist, so könnte man sagen, die Konsequenz der Unmöglichkeit, überhaupt einen Beginn der Person in der Zeit zu fixieren. Jeder, der einen späteren Zeitpunkt vorschlägt, beansprucht im Grunde mehr zu wissen, als er wissen kann.

---

[17] *I. Kant*, Metaphysik der Sitten, hg. von der Königlich Preußischen Akademie der Wissenschaften, Bd. 6, Berlin 1907, AA VI, 280f.

Aussprache

Leitung: *Dr. Hans Thomas*

Axel Gloger: Etwas anekdotisch möchte ich eine jüngst aufgeschnappte Bemerkung als Frage weitergeben. Da hatte ein Mensch sein Mobiltelefon in der Bahn verloren und sagt: Mein Ich ist mir abhanden gekommen.

Spaemann: Dieser Mensch hat noch nicht genügend darüber nachgedacht, wie wir das Wort „Ich" benutzen sollten. Er identifiziert sich nicht nur mit seiner Natur, sondern sogar mit seiner Habe. Die kann ihm abhanden kommen.

Reinhard Liedgens: Ist für Sie der alte – antike - oder der moderne Sprachgebrauch von Person vorzugswürdig?

Spaemann: Mit dem Wort Person wird da jeweils Verschiedenes bezeichnet. Den antiken Sprachgebrauch kann man noch weiterhin benutzen. Auf dem Theaterzettel steht es weiter so: „Die Personen und ihre Darsteller". Der moderne Gebrauch des Wortes Person beruht auf einer Entdeckung. Er führt uns tiefer. Das Wort benutzen wir also weiterhin, aber das, was wir meinen, wenn wir emphatisch sagen, der Mensch ist Person, und damit eine bestimmte Würde bezeichnen wollen, dann verwenden wir wir den modernen Sprachgebrauch. Das heißt: den christlichen und nachchristlichen Sprachgebrauch. Unser moderner Sprachgebrauch verdankt sich ursprünglich dem Christentum.

Horst Hennert: Zwei Nachfragen zur Unschärfe des Begriffs der Personalität des Menschen: Liegt eine Ursache der Bindungslosigkeit vieler Menschen darin, dass sie die Fülle ihrer Personalität nicht mehr leben können? Die zweite Frage hängt wohl damit zusammen: Kann es sein, dass die Verwirrung vieler Menschen darüber, was ihre Personalität ausmacht, beschleunigt wird, wenn ihnen eingeredet wird, es sei nicht mehr klar, ob sie

Männer oder Frauen sind, weil dies austauschbare soziale Rollen sind?

Spaemann: Was das letztere betrifft, so muss man tatsächlich darauf beharren, dass das Sein der Person – das versuchte ich ja zu zeigen – das Haben einer menschlichen Natur ist. Es ist nicht indifferent gegen die Natur, nichts oberhalb der Natur, sondern es ist ein Selbstverhältnis dieser Natur. Meine Natur ist etwas, was ich habe. Und diese Habe *ist* mein Sein. Im radikalen Emanzipationsbegriff versucht der Mensch Freiheit zu definieren durch Abstreifen aller nicht durch ihn selbst gesetzten Voraussetzungen. Verstehen wir das so, haben wir einen Freiheitsbegriff ohne jeden Inhalt. Er hat dann nur diesen emanzipatorischen Sinn: Weg von der Natur. Das aber ist dann nicht mehr Person. Da geschieht etwas Dialektisches. Der Mensch als Naturwesen fällt in etwas rein Animalisches zurück, wenn er als Person zunächst einmal rein spirituell gedacht ist: Person als etwas oberhalb der Natur. Wenn man dann sagt, man müsse sich von allem befreien, also auch von der Natur des Mannes, der Natur der Frau, dann verschwindet auch der Personbegriff, denn er meint ein souveränes Verhältnis zur eigenen Natur. Und zwar ein affirmatives Verhältnis. Dieses Verhältnis meinten die Griechen, wenn sie von der Freundschaft des Menschen mit sich selbst sprachen. Akzeptanz der eigenen Natur, das kann auch im Verzicht auf integrale Ausübung ihrer Potentialität liegen. Die Christen haben es aber immer abgelehnt, den Verzicht auf sexuelle Aktivität durch Selbstentmannung zu stabilisieren.

Der Personbegriff wird ausgelaugt, wenn Menschen sich die Freiheit nicht mehr zutrauen, über ihr Leben im Ganzen verfügen zu können durch eine Entscheidung, durch ein Versprechen, durch ein Gelübde. Sie denken dann zu gering von sich. Und sie wollen gering von sich denken, weil das auch eine gewisse Bequemlichkeit bietet. Denn sich unabhängig machen von allen augenblicklichen Stimmungen beinhaltet auch Anstrengung. Ein Versprechen zu halten, das man einmal gegeben hat, kann eine Anstrengung bedeuten. Aber die Fähigkeit zu dieser Anstrengung ist das, was die Würde der Person begründet.

Priska Mielke: Zwei Fragen: 1. Kann man Ihrer Meinung nach von einer Personalitätskrise in der kapitalistischen Leistungsgesellschaft sprechen? 2. Welche Bedeutung haben unterschiedliche Auffassungen von Personalität für den interkulturellen Dialog bzw. das Misslingen dieses Dialogs?

Spaemann: Zunächst würde ich nicht speziell die kapitalistischen Leistungsgesellschaft ansprechen, denn die sozialistische Leistungsgesellschaft hat die gleichen Elemente. Gerade Karl Marx sagt, dass das erste Stadium nach der Revolution, das Stadium des Sozialismus, eine reine Leistungsgesellschaft ist, in der der Mensch nicht mehr definiert wird durch Herkommen oder Besitz, sondern nur noch durch eigene Leistung. Sprechen wir also von industrieller Leistungsgesellschaft, denn das sind Elemente, die im Kapitalismus und Sozialismus gleich sind.

Wenn Menschen nun so auf ihre Leistung festgelegt werden, dass ihre Schätzung nur abhängt von ihrer Leistung, dann kann dies zu einer Personalitätskrise in der Gesellschaft führen. Dann verschwindet der Aspekt, den der Personbegriff enthält, dass der Mensch mehr ist als seine Leistungen, mehr als das, was er kann. Die Wertschätzung beruht hier auf mehr als nur Industrieleistungen, sondern auch auf spezifisch personale Qualitäten. Was das eigentlich Menschliche ausmacht, liegt jenseits einer solchen Einschätzung, die z.B. in einem Begriff wie Humankapital zum Ausdruck kommt.

Thomas: Noch zu den unterschiedlichen Auffassungen von Personalität für den interkulturellen Dialog. Dabei geht es ja meist um Menschenwürde – unantastbare Menschenwürde, Gemäß Grundgesetz ist damit gleiche, unverlierbare Würde gemeint. Und mindestens das scheint mir interkulturell kontrovers oder schlicht oft nicht einsichtig.

Spaemann: Es ist interessant, das Thomas von Aquin die Menschenwürde für verlierbar hält. Er diskutiert dies im Zusammenhang mit der Todesstrafe und dem Einwand, diese widerspräche der Würde der Person. Darauf antwortet Thomas: Die Würde der Person hätte der Delinquent sowieso schon verloren, denn jeder Mensch, der ein Verbrechen begeht, der eine schwere Sünde begeht, habe keine Würde mehr. Es gab im Mittelalter eine exegetische Tradition, nach der der biblische Satz aus der Genesis „lasst uns den Menschen machen nach unserem Bild und Gleichnis" Anlass für eine tiefsinnige Unterscheidung war. Man hat gesagt, Bild und Gleichnis - das ist nicht dasselbe. Bild Gottes ist der Mensch als ein Freiheitswesen immer, egal was er tut. Gleichnis ist er aber nun nicht mehr. Gleichnis meint *similitudo,* Ähnlichkeit. Die Ähnlichkeit mit Gott fehlt ihm. Ein Bild bleibt er aber. Man kann sich das gut verdeutlichen. Ein Porträt ist ganz schlecht, man kann den Dargestellten kaum erkennen. Es ist aber ein Porträt dieses Menschen und nicht eines anderen. Weil es so unähnlich ist, mag man sagen, es ist ein missratenes. So ist der Mensch immer ein Bild Gottes, aber nicht immer ein Gleichnis. Die These von Thomas, dass der Mensch die Würde verlieren kann, knüpft die Würde ganz an den Gleichnischarakter. Wenn er den verloren hat, hat er die Würde verloren. Die spätere Denkweise von der Unverlierbarkeit, die dann auch in der katholischen Kirche herrschend wurde, knüpft die Würde an den Bildcharakter.

Dr. Paul Schendzielorz: Hängen die Menschenrechte nicht heute in der Luft, weil ihnen in der Neuzeit das Fundament der christlichen Rückbindung - eben religio - verloren gegangen ist? Und wäre nicht auch in anderen Kulturen also Religion eine Voraussetzung für eine wirkliche Fundierung der Menschenwürde?

Spaemann: Dazu habe ich eine recht extreme Ansicht. Ich meine, die Menschenrechte sind nicht das primäre. Sie wurzeln in der Menschenwürde. Es gibt auch Länder mit archaischen Traditionen, in denen man durchaus von Würde sprechen kann. Ein Nomade in seinem Zelt kann vermutlich empirisch mehr Würde zeigen als ein Astronaut, der, angeschnallt in einer Rakete unterwegs zum Mond ist. Hier wird von Würde kaum etwas sichtbar. Der Nomade in der archaischen Gesellschaft hingegen kann durchaus Würde ausstrahlen. Obwohl es also dort Würde gibt, gelten aber vermutlich keine Menschenrechte.

Heute wird vielfach diskutiert, ob wir unsere Vorstellung von Menschenrechten eigentlich exportieren sollen. Sollen wir anderen sie aufnötigen, in deren Kultur das gar nicht passt? Da scheint mir die Antwort die zu sein: Eine Gesellschaft, die tatsächlich noch intakt in ihrer archaischen Lebensform lebt, soll man in Ruhe lassen. Indianerstämme im Urwald, die mit der westlichen Zivilisation noch nicht in intensiven Kontakt gekommen sind, haben ihre Gesetze und ihre Weise zu leben. Da sollen wir uns nicht einmischen.

Aber die moderne Technik hat Missachtungen der Menschenwürde möglich gemacht, die alles in den Schatten stellen, was es zuvor gab. Den Menschen zu einer bloßen Sache degradieren, ihn als bloßes Objekt der Wissenschaft und Technik betrachten kann zu fürchterlichen Entwürdigungen führen. Deshalb meine Ansicht: Wenn wir das Gift exportiert haben, müssen wir auch das Gegengift exportieren. Überall da also, wo die westliche Industriezivilisation Platz gegriffen hat, da müssen wir darauf drängen, dass dort auch unser Begriff der Menschenwürde in Form von Menschenrechten kodifiziert wird. Bei radikaler Bedrohung der Menschenwürde muss sie die Form kodifizierter Rechte annehmen. Und wenn uns andere Länder entgegenhalten: mischt euch nicht ein bei uns, dann würde ich sagen, die Einmischung hat ja längst stattgefunden und ist zum Teil von euch selbst ausgegangen, zum Teil auch von uns. Ihr habt längst unsere wissenschaftlich-technische Zivilisation übernommen. Jetzt können ihr nicht einfach sagen: Ja, aber die komplementäre Kodifizierung der Menschenrechte übernehmen wir nicht.

Exportierung der Menschenrechte - ja oder nein? Die Frage würde ich so beantworten: Es kommt ganz darauf an, um was für eine Gesellschaft es sich handelt. Wenn es noch eine geschlossene, archaische Lebenswelt ist, ist es nicht unsere Sache, uns da einzumischen. Im anderen Fall aber müssen wir uns einmischen. Und dann kommt es auf kodifizierte Menschenrechte an.

Ignatius Kordecki: Wenn ich Sie richtig verstehe, ist Menschenwürde bei den Amazonasindianern dieselbe, also eine Konstante, die sich der Vernunft als universell erschließt, während die spezielle Ausformulierung der Menschenrechte in unterschiedlichen Kulturen auch unterschiedlich sein kann?

Spaemann: Wenn wir uns in eine andere Kultur einmischen, solange es sich noch um eine intakte Lebenswelt handelt, sind die Folgen unabsehbar. Wir können etwas implantieren an Menschenrechten, was sie nötigt, auch in anderen Hinsichten umzudenken. Welche weiteren gegebenenfalls zerstörerischen Wirkungen das dann hat für diese Gesellschaft, können wir nicht absehen. Deshalb meine ich, übernehmen wir uns, wenn wir das tun. Wir können es nicht wirklich verantworten.

Prof. Dr. Michael Roggendorf: In Rwanda bringen Tutsis und Hutus sich gegenseitig um. Wir meinen, die Massenmorde verhindern zu sollen. Wir meinen, im Iran die Gesellschaft ändern zu müssen, weil dort Frauen gesteinigt werden. Wo fängt nach Ihrer Einschätzung die Verantwortung der westlichen Welt für ein Eingreifen an?

Spaemann: Die Auseinandersetzungen zwischen Tutsis und Hutus nahmen so extreme Ausmaße an, weil sie sich nicht nur einfacher Äxte und Messer bedient haben, sondern auch moderner westlicher Waffen. Die Tatsache also, dass sie sich unserer Zerstörungsmaschinerie bedienen, heißt schon, dass wir involviert sind und dass wir zumindest das Recht, vielleicht gar die Pflicht haben zu intervenieren. Pflicht allerdings nur, wenn das mit unserem Eigeninteresse auf irgendeine Weise vereinbar ist. Der Iran ist bereits Teil unserer Weltgesellschaft. Beides gleichzeitig, Mitglied der Weltgesellschaft und ihrer Organisationen sein wollen und so tun, als seien sie ein archaischer Stamm, den man in Ruhe lassen soll, das geht nicht. Schon die Aborigenes leben in vielfältigen Beziehungen zur westlichen Zivilisation. Der Kreis derer, für die das in Frage kommt, was ich über Nichteinmischung sagte, schrumpft also immer mehr.

Martin Rothweiler: Sie charakterisieren die Person als ein Selbstverhältnis und führen dabei die Kategorien von Nähe und Ferne ein. Nun ist aber bekanntlich jeder sich selbst der Nächste. Was bedeuten folglich die Kategorien Nähe und Ferne für die Eigenliebe und die Nächstenliebe und ihr Verhältnis zueinander? Zum anderen ist unsere Selbstkenntnis stets höchst begrenzt. Wie nah also sind wir uns selbst eigentlich? Wie ist

Ihre Aussage zu verstehen, die Person alleine ohne Du sei gar nicht denkbar?

Spaemann: Um zu wissen, wer oder was für einer ich bin, brauche ich andere. Es kann sein, dass in gewisser Hinsicht andere mich besser kennen als ich mich selbst. Es ist sogar klug, Gegnern und Feinden, die mir übelwollen, zuzuhören, weil ich dadurch manches über mich erfahre, was gar nicht so falsch ist, ich aber nicht gerne eingestehe, wenn es mir übelwollende Menschen an den Kopf werfen.

Nähe und Ferne ist eine ontologische Grundstruktur. Meiner Ansicht nach ist es sogar der fundamentalste Grundbegriff der Ontologie. Denn alles was ist, steht zu irgendeinem anderen in irgendeinem Näheverhältnis. Es ist vom anderen mehr oder weniger *entfernt*. Nähe heißt Aufhebung von Ferne. Etwas ist weit weg, aber nicht absolut weit weg. Nur wenn es im Zusammenhang mit anderem steht – näher oder ferner –, dann gehört es überhaupt zur Wirklichkeit.

Nun sind Nähe oder Ferne auch in menschlichen Beziehungen maßgebend. Jeder ist sich selbst der Nächste. Das stimmt auch. Darum ist die Selbstliebe auch das Maß der Nächstenliebe: Liebe deinen Nächsten wie dich selbst! „Deinen Nächsten" heißt aber nicht jeden Menschen. Es heißt vielmehr entweder die, die mir nahe stehen, die mir gegeben sind, oder Menschen, die auf irgendeine Weise in mein Leben eintreten und mich brauchen, wie im Gleichnis Jesu vom barmherzigen Samariter. Dieser ist ein Nächster, weil er plötzlich angewiesen ist auf den anderen. Es gibt aber auch eine Ferne. Der barmherzige Samariter wird jetzt nicht sein ganzes Leben darauf verwenden, nach Leuten zu suchen, die unter die Räuber gefallen sind, sondern er geht ja seinen Geschäften nach. Aber in diesem Augenblick war dieser sein Nächster.

Nur für Gott gibt es nicht Nähe und Ferne in diesem Sinne. Gleichwohl sind ihm die Heiligen natürlich näher als andere. Aber hier handelt es sich nicht um die natürlichen Verhältnisse von Nähe und Ferne. Hier geht es um etwas anderes. Darauf wollte ich hinaus: Es geht nicht um jene elementare Beziehung von Nähe und Ferne. Es hat eine sittliche Bedeutung, und die ist in unserer Natur begründet. Manches steht uns näher als anderes. Das gilt auch für die nähere und ferne Zukunft. Wir können uns zu ökologischen Verpflichtungen gegenüber Menschen in tausend Jahren bekennen. Das ist richtig - in gewisser Weise. Wir dürfen ihnen nicht eine Erde hinterlassen, die wesentlich reduziert ist, ihnen Ressourcen abschneiden, auf die sie einen Anspruch haben. In diesem negativen Sinne haben wir auch für die, die in Jahrtausenden leben, eine Verantwortung. Ob sie glücklich werden, was sie mit dieser Welt oder was sie mit ihrem Leben machen, dafür haben wir keine Verantwortung. Sie stehen uns viel ferner als unsere Kinder und Enkel. Andererseits sind sie aber nicht absolut entfernt. Das Näheverhältnis ist abgestuft.

Damian Pietrowski: Sie sagen, Personen gebe es nur im Plural. Das Ich entwickelt sich erst in der Interaktion mit einem Du, durch Ansprache eines Du. Zum Beginn von Personsein - als Anfrage der Subjektphilosophie: Bin ich mit dem Ich nicht schon vertraut, bevor mich jemand anspricht? Ist diese Vertrautheit nicht auch schon gegeben, bevor ich sie formulieren kann und bevor ich von jemand anderem als Du angesprochen werde, also vorsprachlich? Und ist die Sprache dann dem Denken etwas bereits Vorgegebnes?

Spaemann: Ich glaube, dass wir das letztendlich nicht beantworten können. Ob ein Wesen, das nicht auf irgendeine Weise symbolisch, sprachlich oder durch andere Symbole vermitteln kann, ein solches Subjekt von Selbstwahrnehmung ist, darüber kann ich nichts wissen. Ich neige dazu zu denken, dass es vor dem Erlernen von Sprache noch nicht da ist. Das stimmt jedoch nur teilweise. Ich denke jetzt an die Autobiographie von Hellen Keller. Hellen Keller war taubstumm und blind. Sie hat dann eine Symbolsprache erlernt durch eine geniale Lehrerin. Sie hat ihr Wasser auf die Hand getropft und dazu ein Zeichen in die Hand gemacht. Helen hat plötzlich erkannt, dies ist ein Zeichen für etwas anderes, eben ein Symbol dafür. Und sie schildert das in ihrer Autobiographie wie ein Erlebnis: Es werde Licht! Wie bei Haydns „Schöpfung", wo es an dieser Stelle eine Knall gibt. Jetzt schildert sie, wie ihr vorher zumute war, auch wenn wir meinen, das könne sie doch gar nicht wissen. Sie schildert es als eine dumpfe Wut, nicht deutlich in Gedanken. Die Wut zeigt, dass sie nicht mit dieser Natur identisch ist. Das würde nun die Antwort nahe legen, es gebe schon vorher so etwas wie ein Selbstverhältnis. Aber es mag sein, wie es will, wir müssen sie auf jeden Fall - Kant sagt, es ist eine Idee in praktischer Hinsicht - zwingend von Anfang an betrachten als eine Person. Ich denke überhaupt, wir wissen sehr wenig. Es gibt bis heute keine Theorie des Sprachursprungs. Man kann die Entstehung der Sprache nicht erklären als eine Fortsetzung der tierischen Lautgebung.

Es ist nämlich gerade umgekehrt. Man muss die Unmittelbarkeit des Ausdrucks zurücknehmen. Wenn jemand Schmerzen empfindet und schreit, muss er erst aufhören zu schreien, um sagen zu können, ich habe Schmerzen. Hinzukommt, dass die Sprache eine höchst differenzierte Angelegenheit ist - mit einer Grammatik. Das heißt: die Entwicklung der Sprache geht vom Komplizierten zum Einfachen. Wie soll man hier eine Entstehung rekonstruieren? Fichte hat ganz klar gesagt: Die Sprache ist eine übernatürliche Gabe Gottes.

Thomas: Freiheit ist ein Pflichtmerkmal der Person. In der Moderne wurde und wird Freiheit gern als Autonomie verstanden. Autonomie scheint aber der Abhängigkeit des Personseins von anderen zu widersprechen - Personen nur im Plural! Absolute Autonomie könnte meinen: Mich gehen andere nichts an, nichts berührt mich mehr. Wenn aber nichts mich mehr angeht - totaler Zuschauer - wird Freiheit sinnlos. Wie steht es mit dem Verhältnis von Autonomie und Freiheit hinsichtlich des Personbegriffs?

Spaemann: Das Wort Autonomie stammt aus der kantischen Tradition als einem ganz bestimmten Kontext. Es bedeutet, dass ich selbst der Gesetzgeber bin für mich. Bei Kant ist diese Autonomie mit dem Gedanken der Vernunftbestimmung verbunden. Jeder Mensch ist ein Vernunftwesen und wenn er wirklich sich selbst bestimmt, heißt das, dass er sich der Vernunft unterordnet. Deshalb hat Kant eine ganze Naturrechtslehre entwickelt. Autonomie hieß für ihn überhaupt nicht, jeder kann beliebig sein eigener Gesetzgeber sein, sondern jeder ist als Vernunftwesen fähig, selbst zu beurteilen, was Recht und was Unrecht ist. Es kann nicht die Maßstäbe für gut und böse setzen. Es kann aber beurteilen, ob diese oder jene Praxis mit der Vernunftbestimmung im Einklang ist.

Und dabei gibt es auch Streit, weil alle Menschen beanspruchen, Vernunftwesen zu sein. Nun sind aber die Menschen keine reinen Vernunftwesen. Einerseits haben sie eine partikulare Perspektive, andererseits wollen sie sich als wahrheitsfähige Wesen der universalen Perspektive einfügen. Diese Spannung von Partikularität und Universalität führt dazu, dass es immer Konflikte geben wird, weil die individuellen Perspektiven nicht einfach ausgeschaltet werden können.

Als Beispiel nehmen Sie den Gerichtsprozess. Es ist interessant, dass in Zivilprozessen die Parteien nicht selbst auftreten und plädieren dürfen. Sie brauchen einen Anwalt. Warum? Weil man nicht will, dass hier einfach Interessen aufeinanderprallen. Da könnte man nur sagen: Na ja, jener hat halt dieses, und dieser jenes Interesse. Wie soll man das lösen? Der Rechtsanwalt hat die Aufgabe, schon einen Vorschlag zu machen, wie das partikulare Interesse seines Mandaten universell zu rechtfertigen ist. Und der andere Anwalt auch. Was hier dann aufeinander prallt sind nicht mehr zwei nackte Interessen, sondern zwei Interpretationen dessen, was gerecht ist. Der Richter kann dann zwischen diesen beiden Interpretationen entscheiden. Wo nur Interessen walten, kann niemand entscheiden. Es liefe darauf hinaus zu sagen: Na ja, setzt es mit Gewalt oder sonst wie durch.

In dieser Spannung von Partikularität und Universalität ist begründet, dass es Streit gibt. Es gibt aber Mechanismen in unserem Rechtssystem, die das Problem auflösen. Es gibt eine Zwischeninstanz zwischen dem Richter als Anwalt des Ganzen und dem partikularen Interesse. Es muss eine Vermittlungsinstanz geben.

Ignatius Kordecki: Der Mensch hat eine Natur, betonen Sie, und insofern ist er auch in gewisser Weise frei von ihr. Deshalb dürfe man ihn auch nicht einfach mit ihr identifizieren. Das Tier hingegen sei identisch mit seiner Natur. Können sie diesen Unterschied nochmals darlegen?

Spaemann: Wenn wir von Menschenrechten sprechen oder – zugrunde liegend – von Menschenwürde, denken wir an den Kreis derjenigen Wesen, gegenüber denen ich rechenschaftspflichtig bin für alles was ich tue, wenn es für sie Folgen hat. Wir gehen davon aus, dass wir bei manchen Wesen nicht rechenschaftspflichtig sind, weil sie eine Rechenschaft gar nicht entgegennehmen können. Ob das, was ich einem Tier zumute, vor ihm gerechtfertigt werden kann oder nur auf einer höheren Ebene, diese Frage stellt sich nicht, weil es für das Tier keinen Unterschied macht. Es protestiert nicht aus Gerechtigkeitserwägungen, es wehrt sich höchstens. Die Rechenschaft, die wir hier schuldig sind, ist eine Rechenschaft uns selbst gegenüber. Menschenwürde verlangt, dieses Wesen hineinzunehmen in den Gesamtzusammenhang meiner Handlungsrechtfertigung. Wenn für mich hingegen, etwa im Falle der Abtreibung, das Interesse des Kindes nicht zählt, heißt das, die Menschenwürde negieren. Denn sagen, jeder Mensch hat Menschenwürde, heißt einfach übersetzt: Jeder zählt.

Theo Kobusch

Die Person: Wesen der Freiheit

1. Die Person als *ens morale*

Die antike Vorstellung von der Person im Sinne einer Maske oder einer Rolle ist so bekannt, dass sie hier nicht noch einmal eigens präsentiert werden muss.[1] Auch in der antiken Philosophie gelangte man im wesentlichen nicht über diese Vorstellung hinaus. Platon und Aristoteles haben nicht gewusst, was eine Person ist. Die Stoiker jedoch haben einen Begriff der Person im Sinne des Rollendaseins des Menschen entwickelt[2] und damit die Theorie zu dem griechisch schon Empfundenen und Gedachten nachgeliefert. Die „Rollentheorie", so sagt M. Fuhrmann mit Recht, „soll erläutern, was die ‚natura' dem Menschen als Gattungswesen und als je verschieden veranlagtem Typus vorschreibe".[3] Auch die berühmte philosophische Definition der Person durch Boethius: „persona vero rationabilis naturae individua substantia (est)"[4] ist ganz einseitig am Naturbegriff orientiert. Hinsichtlich dessen vollzieht sich bei den Kirchenvätern eine grundlegende Änderung, die von geradezu epochaler Bedeutung ist. Denn hier wird dem Reich der „Naturen", nicht nur der physischen, das Reich des Willens (*prohairesis*) gleichrangig gegenübergestellt, ja sogar seine Priorität gegenüber allem Natur- oder Wesenhaften behauptet. Hier vollzieht sich so auch die Etablierung des Moralischen als eines eigenständigen Bereichs. Was durch das gesamte Mittelalter terminologisch streng als das Physische und Moralische unterschieden und noch bei Autoren

---

[1] Vgl. *M. Fuhrmann*, Person. I. Von der Antike bis zum Mittelalter, in: HWPh Bd. 7, hg. von J.Ritter/K.Gründer, Basel 1989, 269-283.
[2] *Cicero*, De officiis I
[3] *M. Fuhrmann*, Person, 271.
[4] *Boethius*, Contra Eutychen et Nestorium, in: ders., Die Theologischen Traktate, lat.-dt., übers., eingel. u. mit Anm. vers. v. M. Elsässer, Hamburg 1988, 64-115, hier: 80.

wie Rousseau als *être naturel* und *être morale* oder auch bei Hegel unter dem Titel des Natürlichen und Moralischen auseinander gehalten wurde, das wird hier, bei den Kirchenvätern erstmals bewusst.

Auch die antike christliche Trinitätslehre kann uns beim Verständnis dessen, was eine Person ist, nicht wirklich weiterhelfen. Bedenkt man, dass die Formel von den drei Personen in dem einen Wesen die Übersetzung des Griechischen „*treis hypostaseis*" darstellt, und dass die „hypostasis" der Gegensatz zu dem bloß Gedachten (*epinoia*) ist, dann offenbart sie uns eine interessante ontologische Figur, vielleicht auch schon etwas über die Unmöglichkeit, nur eine Person zu denken, aber nichts vom Wesen der Person.

Nicht anders steht es mit der berühmten Definition des Boethius: *Naturae rationabilis individua substantia*. Sie ist ja nur unter der Voraussetzung aristotelischer Ontologie zu verstehen. Die aristotelische Metaphysik ist aber in Wirklichkeit eine Dingontologie, denn ihre Prinzipien sind alle im Hinblick auf die Dinge der Natur gewonnen (Form und Materie, Sein und Wesen usw.).[5] Die *individua substantia*, das ist das, was Boethius sonst die Subsistenz als Übersetzung des griechischen *hypostasis* nennt. Die Person ist also Boethius gemäß die selbständige Existenz einer vernunftbegabten Natur. Ist es das, was wir unter „Person" verstehen? Ist das der Personbegriff, mit dem wir es in unserer Lebenswirklichkeit, insofern er z.B. in Verfassungen festgeschrieben ist, zu tun haben?

In Wirklichkeit scheinen die Grenzen der aristotelischen Ontologie kaum je deutlicher werden zu können als in dieser Persondefinition. Sie ist eine theoretische Bestimmung (im Sinne der aristotelischen Metaphysik), durch die die Person im wei-

---

[5] Das wird z.B. schon von dem Aristoteles-Kommentator Elias ausgedrückt, wenn er eine enge Verbindung von Theologie und Naturphilosophie erkennt: ἰστέον δὲ ὅτι ἀεὶ θεολογῶν ὁ Ἀριστοτέλης φυσιολογεῖ (εἰ γὰρ καὶ περὶ κινούμενα ἡ φυσιολογία περὶ δὲ ἀκίνητα ἡ θεολογία, ἀλλ' οὖν τὰ ἀκίνητα, φημί, τῶν διὰ κινήσεως εἰσιν αἴτια), ὥσπερ ἀνάπαλιν ὁ Πλάτων ἀεὶ φυσιολογῶν θεολογεῖ, πανταχοῦ παρεγκυκλῶν τὸ δόγμα τῶν ἰδεῶν. ἐν οἷς καὶ τὸ τέταρτον κεφάλαιον. *Elias*, In Aristotelis categorias commentarium (CAG XVIII, 1), ed. A. Busse, Berlin 1900, 120,30-121,4.

Die Person: Wesen der Freiheit 61

ten Feld der Naturdinge ihren Platz erhält. Durch sie wird ausgedrückt, dass die Person ein besonders ausgezeichnetes Naturding ist. Gewissermaßen zur Bestätigung dieses Boethiusverständnisses lesen wir bei Wilhelm von Auxerre, der die Persondefinition erklärt: „Pater et Filius et Spiritus Sanctus tres subsistentiae, id est tres res que vere sunt, non indigentes aliqua alia re ut sint."[6] Die Person ist ein subsistierendes Ding bzw. eine subsistente Sache – mit besonderen Prädikaten – aber eine Sache. Das ist es, was bei Boethius unter dem Strich bleibt. Wir verstehen aber das, was Person ist, nur dann, wenn wir es – seit dem römischen Recht – von allem Sachhaften unterscheiden.

2. Das neue Verständnis von Personalität in der mittelalterlichen Philosophie

Die Person gehört – neuzeitlich gedacht – von vorneherein und als solche in einen praktischen Kontext. Das gilt sowohl für den Locke'schen Personbegriff, der die Person als das selbstbewusste Selbst versteht, als auch für den Kantischen Begriff der Person. Beide Begriffe der Person haben ihre Wurzeln in der mittelalterlichen Philosophie, die die Person als Wesen der Freiheit und damit ihren praktischen Charakter entdeckt hat. Deswegen meine ich von der Entdeckung der Person im Mittelalter sprechen zu müssen.[7]

---

[6] *Wilhelm von Auxerre*, Summa Aurea I, tract. 6, cap. 1, ed. J. Ribaillier, Paris / Grottaferrata 1980, 79.
[7] Vgl. *T. Kobusch*, Person und Subjektivität. Die Metaphysik der Freiheit und der moderne Subjektivitätsgedanke, in: R. L. Fetz/R. Hagenbüchle/P. Schulz (Hrsg.), Geschichte und Vorgeschichte der modernen Subjektivität, Bd. 2, Berlin/New York 1998, 743-761; ferner *T. Kobusch*, Die Entdeckung der Person, Darmstadt ²1997, 23-66. Zu Vorläufern der Lockeschen Selbstbewusstseinstheorie vgl. *T. Kobusch*, Person – die verkörperte Selbstreflexivität. Grundstrukturen der Personenlehre des Petrus Johannis Olivi, in: G. Mensching (Hrsg.), Selbstbewusstsein und Person im Mittelalter. Symposium des Philosophischen Seminars der Universität Hannover vom 24. bis 26. Februar 2004, (Contradictio. Studien zur Philosophie und ihrer Geschichte), Würzburg 2005, 67-79.

Zuerst scheint der praktische Kontext des Personbegriffs im Rahmen der mittelalterlichen Christologie bewusst geworden zu sein.

Exemplarisch sei hier auf Bonaventuras Christologie verwiesen, die den Personbegriff des Boethius und auch des Richard von St. Viktor aufnimmt und zugleich in einem entscheidenden Punkt über sie hinausgeht. Boethius hatte die Person als die individuelle Substanz einer vernunftbegabten Natur definiert. Der Begriff des Individuellen, der das in sich Ungeteilte und von anderem Unterschiedene bezeichnet, impliziert im Falle der Person nach Bonaventura noch drei weitere Bedeutungen. Die Person ist ein Einzigartiges, insofern sie etwas ist, was sie nicht mit mehreren anderen gemeinsam hat und was nur von ihr ausgesagt werden kann. Die Person hat ferner, was auch der Begriff des Individuellen andeutet und Richard von St. Viktor besonders herausgestellt hatte, den Charakter des Inkommunikablen, insofern sie nicht Teil eines Anderen oder Zusammengesetzten sein kann. Deswegen kann z.B. der Fuß oder die Hand eines Menschen nicht Individuum genannt werden. Schließlich gehört zur vollen Bestimmtheit der Person auch die allüberragende „Würde", die sich von der göttlichen Würde herleitet und deswegen auch nur in jenem geschaffenen Individuum zu finden ist, das durch seine Vernunft alles andere überragt.[8] Die Würde ist keine beiläufige, sondern eine wesentliche Bestimmung der Person.[9] Die Würde der menschlichen Seele liegt in der Erschaffung begründet, die Gott sich selbst vorbehalten und nicht, wie im Neuplatonismus, vermittelnden Mächten überlassen hat. Dadurch hat die Seele das Siegel des „Bildes" erhalten. Der Mensch ist Bild und Gleichnis Gottes. Bild, insofern ihm aufgrund der Erschaffung eine bestimmte unverlierbare Natur zukommt, Gleichnis aber, weil er eine verlierbare Freiheit besitzt. Bonaventura hat die seit Origenes bekannte Unterscheidung von „Bild" und „Gleichnis" übernom-

---

[8] *Bonaventura*, III Sent. d. 5, a. 2, q. 2 ad 1, (Opera omnia III, Quaracchi 1887, 133); vgl. I Sent. d. 25, a. 1, q. 2 ad 4, (Opera omnia I, Quaracchi 1882, 441)

[9] *Bonaventura*, II Sent. d. 3, p. I, a. 2, q. 2 ad 1, (Opera omnia II, Quaracchi 1885, 106f.)

men, um auf zwei Elemente der menschlichen Freiheit hinzuweisen, auf ein verlierbares und ein unverlierbares.[10] Bonaventura hat die Freiheit als dasjenige angesehen, was die Würde der Person begründet. Er hat deswegen auch die Würde des freien Willens von der Würde der ungeschaffenen Freiheit abgeleitet.[11] Indem Bonaventura die „Würde" als das eigentliche Merkmal der Person bestimmt, hat er ein Element zur Geltung gebracht, das in dem traditionellen Verständnis der Person, bei Boethius und Richard von St. Viktor nicht zu erkennen war.

Daher hat die Personmetaphysik des 13. Jh., d.h. die Ontologie des *esse morale*, auf die in der Definition des Boethius enthaltene Einseitigkeit der naturphilosophischen Sicht kritisch hingewiesen. Ebenso kann auch die nicht minder berühmte Personauffassung des Richard von St. Viktor in ihrer Einseitigkeit offenbar gemacht werden. Denn die darin ausgedrückte „Inkommunikabilität" der Person bezeichnet ein Individuum aus logischer Sicht, das durch die „Ansammlung der Akzidentien", die so in keinem anderen Denkbaren gefunden werden kann, konstituiert wird. Mit anderen Worten: Die Personauffassung des Richard von St. Viktor wird hier der einseitigen Sicht des Logikers zugeordnet. Auf diese Weise sind die beiden großen, historisch vorgegebenen Personauffassungen des Boethius und des Richard von St. Viktor aus der Sicht der Freiheitsphilosophie als begrenzte und bedingte Standpunkte aufgewiesen.[12]

Was den Personbegriff im Sinne des moralischen Seins betrifft, so hat die Christologie des 13. Jahrhunderts, besonders Bonaventura und seine Schule, in dieser Hinsicht ein Übriges getan. Sie hat die Erlösungstat Christi als ein Werk von „unendlichem Wert" bezeichnet, der zuletzt in der „unendlichen Würde seiner Person" gründet. Die Person als solche hat dadurch einen einzigartigen und unschätzbaren Wert erhalten. Noch bei Pufendorf wird deswegen die Freiheit „*inaestimabilis*" genannt,

---

[10] Vgl. *T. Kobusch*, Nachdenken über die Menschenwürde, in: Allgemeine Zeitschrift für Philosophie 31 (2006), 215-217; *ders.*, Christliche Philosophie. Die Entdeckung der Subjektivität, Darmstadt 2006, 66.
[11] *Bonaventura*, II Sent. d. 18, a. 2, q. 3 (Opera omnia II, Quaracchi 1885, 452f.); ebd. d. 25, p. II, a. un., q. 1 (Opera omnia II, Quaracchi 1885, 610).
[12] Vgl. *T. Kobusch*, Die Entdeckung der Person, 28.

d.h. sie entzieht sich als solche einer quantifizierenden Einschätzung. Nach Bonaventura hat die Menschwerdung Christi in diesem Sinne das ganze Menschengeschlecht geadelt und ihm als solchem Würde verliehen.[13] Die begriffliche Verbindung von Person und Würde als unendlichem Wert, die das Lebenselexier der modernen Anthropologie ausmacht, soweit sie dem Kantischen Begriff der Person folgt, hat ihren Ursprung hier, in vergessenen christologischen Texten des 13. Jahrhunderts. Bedenkt man zudem, dass diese Idee vom unendlichen Wert der Person, d.h. des moralischen Seins des Menschen, durch die Christologie des Suarez an das Naturrecht und die Deutsche Schulphilosophie weitergegeben wurde,[14] ehe sie ins Zentrum der Kantischen Philosophie rückte, dann kann kaum mehr die fundamentale Bedeutung der Christologie des Mittelalters für die moderne Philosophie der Person bestritten werden.

Bonaventura greift mit dieser Charakterisierung der Person als einem mit Würde ausgestatteten Wesen auf neueste Erkenntnisse der Christologie im 13. Jahrhundert zurück, die erst eigentlich deutlich machen, dass es hier um eine entscheidende Modifizierung, ja um eine Neubestimmung der Person geht. In der Christologie seines Lehrers Alexander von Hales, in anony-

---

[13] *Bonaventura*, III Sent. d. 32, a. un., q. 5 (Opera omnia III, Quaracchi 1887, 705b): Dicendum quod Christus nominat personam in duabus naturis, quarum una est nobilitatis et dignitatis infinitae, et ipsa persona in se; et natura unita ratione personae habet quandam nobilitatem et dignitatem singularem et inaestimabilem. Vgl. ebd. d. 13, a. 1, q. 2 ad 3 (Opera omnia III, Quaracchi 1887, 280a): Meritum illud est infinitum, non ratione gratiae creatae in se, sed ratione infinitae dignitatiis personae. Vgl. auch Vitalis de Furno, Quodl. II q. 5, ed. F. M. Delorme, Rom 1947, 72: Omnis Christi actio erat infiniti vigoris et valoris, quia elicita a supposito infinito. Zur Würde des Menschengeschlechts vgl. *Bonaventura* III Sent. d. 1 a. 2, q. 1 (Opera omnia III, Quaracchi 1887, 20).

[14] *F. Suarez*, De Verbo incarnato IV, n. 4 (Opera omnia XVII, Paris 1856), 63: Respondetur, si intelligatur esse finitum quid in genere entis, concedi posse, quia re vera non est ens physice infinitum; tamen in aestimatione morali recte concluditur valor infinitus; ebd. n. 5, 64: Sed persona satisfaciens in Christo est infinitae dignitatis; ergo et opera eius sunt infiniti valoris ad satisfaciendum; ebd. n. 17, 69: Quod autem hic respectus ad personam operantem infinitam conferat ad valorem moralem infinitum, probatur, ...; ebd. n. 37, 77: Hic ergo valor non dicit physicam entitatem inhaerentem actui, sed supponit illam, ... et consistit in morali quadam ratione et aestimatione ipsius actus.

Die Person: Wesen der Freiheit 65

men christologischen *Quaestionen* dieser Zeit, bei Philipp dem Kanzler und nicht zuletzt auch in der Christologie des Wilhelm von Auxerre können wir eine einheitliche Lehre von der Person fassen, nach der sie von allem Geschaffenen sonst durch die „hervorragende" oder „herausragende" Eigentümlichkeit der „Würde" unterschieden ist. Die Würde kommt ihr aber zu, insofern sie ein – in der Sprache der Scholastik – „moralisches Sein", d.h. ein Sein der Freiheit ist. In diesem Sinne gilt die klassische Formulierung des Alexander von Hales: Person ist ein moralisches Seiendes, weil sie die Eigentümlichkeit der Würde hat oder, wie wenig später Philipp der Kanzler sagt: „Esse personae est morale et respicit dignitatem".[15] Indem die Christologie des 13. Jahrhunderts die Person als ein moralisches Sein kennzeichnet, das durch Würde ausgezeichnet ist, unterscheidet sie sie von allem naturhaft und bloß gedanklich Seienden. Sie nimmt damit eine schon ältere Bestimmung auf, nach der die Person eine „Rechtssache" (*res iuris*) ist, die als solche vom substantiellen Sein eines Naturdings unterschieden ist.[16] Im Hintergrund stehen christologische Bestimmungen des Alexander von Hales. Alexander unterscheidet eine dreifache Betrachtungsweise des Seins Christi: Vom naturphilosophischen, vom logischen und vom moralphilosophischen Standpunkt aus. Demgemäß ist eine dreifache Seinsweise Christi zu unterscheiden: Der Begriff des Subjekts bezeichnet die aus Leib und Seele bestehende "menschliche Natur" Christi, d.h. Christus in seinem natürlichen Sein. Der Ausdruck "Individuum" bezieht sich auf Christus als diesen konkreten Menschen, insofern ihm die Seinsweise des vernunfthaften Seins (*esse rationis*) zu-

---

[15] Vgl. *Alexander von Hales*, Glossa in III Sent. d. 6 (E), Quaracchi 1954, 87, 8: Persona res moris est, quia dicit proprietatem dignitatis; Philipp Cancellarius, Quaestiones de incarnatione q. 2, n. 30, ed. W. H. Principe, Philipp the Chancellor's Theology of the Hypostatic Union, Toronto 1975, 177. Zur Beziehung zu Alexander von Hales vgl. ebd. 34; *Wilhelm von Auxerre*, Summa Aurea III, tr. I, cap. III, q. 8, ed. J. Ribaillier, Paris / Rom 1986, 37. Zu den historischen Zusammenhängen vgl. *T. Kobusch*, Die Entdeckung der Person, 23-31.

[16] Vgl. z.B. *Paschasius*, De Spiritu Sancto II 4 (PL 62, 29 C): Siquidem persona res iuris est, substantia res naturae. Zum Ursprung des Ausdrucks *res iuris* vgl. *T. Kobusch*, Die Entdeckung der Person, 29. Er ist aufgenommen bei Präpositinus und Wilhelm von Auxerre.

kommt. Schließlich – und darum geht es hier – betrifft der Begriff der Person das „moralische Sein" Christi.¹⁷ Was Alexander durch die Erwähnung der dritten Seinsweise ausdrücken will, ist nicht einfach die Ergänzung eines weiteren, begrenzten Aspektes. Vielmehr umfasst der konkrete Begriff der Person die beiden abstrakten Standpunkte der naturphilosophischen und logischen Sicht mit in sich.¹⁸

Entsprechend wird auch eine dreifache Bedeutung des Begriffs „Individuum" unterschieden. Neben dem naturhaften und gedanklich Individuellen ist es vor allem das moralische Individuum, das durch seine hervorragende Proprietät, eben

---

17 *Alexander von Hales*, Glossa in I Sent. d. 25, Quaracchi 1951, 244, 30: Ita enim distinguuntur haec tria: persona, individuum, subiectum, quod „persona" ad mores refertur et est nomen moris, „individuum" pertinet ad rationalem, „subiectum" ad naturalem. Vgl. Glossa in III Sent. d. 6 (AE), Quaracchi 1954, 80, 9: Et notandum quod haec triplex opinio fundata est super triplex esse. Est enim esse naturale, et morale et rationale. Et nota quod quando Christus dicitur secundum personam, tunc dicitur secundum esse morale; quando autem secundum naturam humanam, tunc dicitur secundum esse naturale; quando autem secundum essentiam, tunc dicitur secundum esse rationale. Ebd. d. 6 (L), 82, 7: intelligendum est quod differt dicere in Christo individuum, suppositum vel subiectum, et personam secundum enim esse rationis, est iste homo individuum; secundum esse naturae, est humana natura subiectum; secundum esse morale vel divinum, accipitur persona. Vgl. auch. d. 7 (L); 98, 20ff. Ebd. 87,9 wird so unterschieden: personaliter loqui de ipso, est loqui moraliter. Quando autem loquimur secundum essentiam quae est homo, cum sit communis forma rationis, rationaliter loquimur. Quando loqui autem est de unione naturarum [...] naturaliter loquimur. [...] Secundum esse rationale, quaecumque ultra speciem adiciuntur, sunt individuantia. Um zu verstehen, inwiefern das Individuum im Hinblick auf das vernunfthafte Sein ausgesagt wird, muss man beachten, dass im Hintergrund der Individuumsbegriff des *Gilbert von Poitiers* bzw. seine Lehre von der individuellen Wesenheit steht, vgl. z.B. Expositio in Boecii Librum c. Euticen et Nestorium 3, 14, ed. N. Häring, Toronto 1966, 274: Nam „individua" dicuntur huiusmodi quoniam unum quodque eorum ex talibus consistit proprietatibus quarum omnium cogitatione facta collectio numquam in alio quolibet alterutrius numero particularium naturali conformitate eadem erit.
18 Vgl. *Alexander von Hales*, Glossa in III Sent, d. 2 (L), Quaracchi 1954, 30, 14: Completior tamen modus est dicendi in persona quam in subiecto, ubi unum dicitur super alterum; nam individuum dicitur in ratione, subiectum in natura, persona in moribus.

Die Person: Wesen der Freiheit 67

die Würde, im eigentlichen Sinne vollkommen ist.[19] Die Person als moralisches Individuum stellt daher – nach der Sichtweise der mittelalterlichen Philosophie – auch eine eigene Form der Einheit dar. Während wir durch die Definition einer Sache die Einheit eines allgemeinen Wesens und in der identischen Substanz von Gattung und Art die Einheit eines konkreten Etwas erfassen, stellt die Person die Einheit eines „Wer", eines „Jemand" dar.[20]

Indem die Christologie des 13. Jahrhunderts die Person als das moralische Wesen und somit als die Verkörperung der Freiheit begreift, sollen die beiden berühmten historischen Bestimmungen des Boethius und des Richard von St. Viktor nicht negiert werden. Vielmehr sind sie sowohl bei Alexander von Hales wie auch bei Bonaventura im Begriff der „Würde" vorausgesetzt und mitenthalten. Entsprechend sind auch im moralischen Sein der Person das natürliche und das vernunfthafte Sein nicht vernichtet, sondern gleichsam „aufgehoben".[21] Weil aber moralisches Sein das physische immer voraussetzt oder Freiheit die Natur, kann der Person der Charakter des Substantiellen und Subsistierenden zugeschrieben werden. Nur erschöpft sich, wie die mittelalterliche Philosophie sagt, ihre Bestimmung nicht darin. Von ihrem Wesen her ist sie Freiheit, in hypostasierter Form. Die Person ist hypostasierte Freiheit, das ist der Grundgedanke der mittelalterlichen Personauffassung, der bis weit in die Neuzeit hineingewirkt hat. Es ist ganz konsequent, wenn Alexander von Hales die Person als Gegenstand der Moralphi-

---

[19] Vgl. *W. H. Principe*, Quaestiones concerning Christ from the First Half of the Thirteenth Century III. Quaestiones from Duai Ms. 434: The Hypostatic Union, in: Medieval Studies 43 (1981), 1-57, hier: n. 21, 35; n. 250, 40.

[20] Vgl. *Alexander von Hales*, Glossa in III Sent. d. 2 (L), Quaracchi 1954, 30: Est enim prima convenientia in unitate essentiae, secunda in unitate substantiae, tertia in unitate personae. Prima dicitur per „quod quid est", secunda per „quod est", tertia per „quis".

[21] Vgl. *A. Hufnagel*, Die Wesensbestimmung der Person bei Alexander von Hales, in: Freiburger Zeitschrift für Philosophie und Theologie 4 (1957), 148-174, hier: 166. Zur historischen Bedeutung des Personbegriffs im Sinne der Würde vgl. auch *W. H. Principe*, Alexander of Hales' Theology of the Hypostatic Union, Toronto 1967, 65-72.

losophie ansieht, denn diese hat es mit den Erscheinungen der Freiheit zu tun.[22]

Was Bonaventura somit von seinem Lehrer und der neuesten Christologie übernommen hat, ist nichts Geringeres als ein ganz neues Bewusstsein von dem, was eine Person ist.[23]

Petrus Johannis Olivi, nimmt in der Geschichte des Personproblems eine wichtige Stellung ein. Er hat die Anregungen der franziskanischen Lehre von der Person als einem *ens morale* entschlossen aufgegriffen, ohne jedoch den Begriff streng terminologisch zu gebrauchen. Das zeigt sich vor allem darin, dass „das, was wir eigentlich sind", nämlich „unsere Persönlichkeit"[24] oder die Person nach seiner Lehre ein Wesen des Willens ist. Das entspricht ganz dem Ansatz der franziskanischen Willensphilosophie. Fast gleichzeitig, Ende der achtziger Jahre, sagt Matthäus ab Aquasparta, dass „die Tätigkeit des Menschen, insofern er Mensch ist, nicht das Erkennen, sondern das Wollen ist".[25] Wie Olivi sagt, ist die Person die „selbstreflexive oder zur Selbstreflexion fähige Existenz" und darüber hinaus „das in sich selbst vollständig Bestehende".[26] Keine Selbstreflexion und kein Selbststand dieser Art aber ist möglich ohne die Vermögen des Intellekts und des Willens. Sie sind es, durch

---

[22] *Alexander von Hales*, Glossa in I Sent. d. 24, Quaracchi 1951, 237

[23] Nach A. Hufnagel, Bonaventuras Person-Verständnis, in: J. Auer/H. Volk (Hg.): Theologie in Geschichte und Gegenwart, (Michael Schmaus zum 60. Geb.), München 1957, 843-860, hier: 852f.; 859, ist der „Würde"-Begriff bei Bonaventura anders zu verstehen als derjenige seines Lehrers, nämlich als etwas „Ontologisches" und nicht als „Moralisches". Doch diese Konstruktion scheint auf einer Fehldeutung von III Sent. d. 5, II 3 ad 6 zu beruhen.

[24] *Petrus Ioannis Olivi*, Quaestiones in secundum librum Sententiarum, ed. B. Jansen, 3 Vol., Quaracchi 1922 (I), 1924 (II), 1926 (III) (=Bibliotheca Franciscana Scholastica Medii Aevi, IV-VI), q. 57, Vol. II, 338: id quod proprie sumus, personalitatem scilicet nostram, [...].

[25] Vgl. *Matthaeus ab Aquasparta*, Quaestiones de anima beata q. VI, ed. A. Emmen (BFS XVIII), Quaracchi 1959, 318: [...] dicendum quod operatio hominis, secundum quod homo, non est intelligere, sed velle sive diligere intellectualiter; [...]

[26] *Petrus Iohannis Olivi*, In II Sent. q. 54, (ed. B. Jansen II 249/250): Ratio enim personalitatis sine intellectu et voluntate non videtur posse poni nec intelligi, quoniam persona videtur dicere existentiam super se reflexam seu reflexibilem et existentiam seu superpositum in se ipso plene consistens [...]

Die Person: Wesen der Freiheit 69

die der Mensch in den Vollbesitz seiner selbst gelangen kann, und das ist eine notwendige Bedingung der Bestimmtheit von Personalität.²⁷ Die Person ist somit jenes Wesen, das mit Selbstreflexivität ausgestattet ist, die ihrerseits in der Struktur des Willens begründet liegt. Deswegen kann Olivi auch sagen, dass die „Wurzel einer personalen Subsistenz" nur jenes sein kann, was vollständig selbstreflexiv und ganz frei in sich besteht.²⁸ Selbststand und Selbstreflexion machen nach Olivi die eigentliche Bestimmung der Person aus.²⁹ Die Frage ist nur, woher wir das alles wissen können. Olivi beruft sich dafür auf die innere Erfahrung.

Auf solchem Weg der inneren Erfahrung kann also die Selbstreflexivität des Geistes in ihrer theoretischen wie auch praktischen Form erfahren werden. Die Reflexivität aber deutet auf ein „Absolutes", auf ein von allen sinnlichen Neigungen und äußeren Objekten Unabhängiges, auf eine Kraft, die so „in sich gesammelt" ist, dass sie zu einer unmittelbaren Reflexion fähig ist. Die Freiheit und damit auch der Wille sind als eine besondere Form der Reflexion anzusehen, gerade insofern sie praktischer Natur und somit vom Intellekt verschieden sind. Denn während der Intellekt in seiner ihm eigenen theoretischen Reflexion sich als ein „Objekt" erfasst, ist die praktische Reflexion des Willens die geistigste, intimste, in sich gesammelteste, kurzum: die unmittelbarste Form der Hinwendung zu sich selbst.³⁰

---

²⁷ *Olivi*, In II Sent. q. 54, (ed. B. Jansen II 250): Quod non est aliud quam potestas plenarie possessiva sui et aliorum sine qua non est intelligere rationem personae. Vgl. *Ders.*, In II Sent. q. 52, (ed. B.Jansen II 200): […] personalitatem, quae est idem quod per se existentia dominitiva et libera et in se ipsam possesive reflexa vel reflexibilis, id est, se ipsam cum quadam libera reflexione possidens. Zu dieser Bestimmung der Person vgl. auch *F.-X. Putallaz*, Insolente liberté. Controverses et condamnations au XIIIe siècle, Editions Universitaires Fribourg (Suisse) 1995, 156.
²⁸ Vgl. *Olivi*, In II Sent. q. 51, (ed. B. Jansen II 121): quod proprie et per se non est liberum […] nec potens se reflectere super se directe et per se, quod est contra rationem personalis subsistentiae. Non enim potest esse aliquid radix personalis subsistentiae nisi illud quod est super se ipsum plene rediens et in se ipso liberrime consistens.
²⁹ *Olivi*, In II Sent. q. 51, (ed. B. Jansen II 121): […] cum consistere et reflecti in se sit ratio altissimi suppositi quod personam dicimus.
³⁰ *Olivi*, In II Sent. q. 51, (ed. B. Jansen II 115): aliud genus reflexionis supra se habet, in quantum est libera, quod non habet intellectus : est enim con-

Doch die Erfahrung der Reflexionsfähigkeit – der theoretischen wie der praktischen – ist nur eine Form der inneren Erfahrung, durch die die Freiheit als die „Wurzel der personalen Subsistenz" aufgewiesen werden kann.[31] Sie gehört in den Kontext der Analyse moralischer Gefühle und bestimmter Bewusstseinsakte, die in der berühmten Quaestio 57 enthalten ist. Nach dieser in der mittelalterlichen philosophischen Literatur bedeutendsten Freiheitsabhandlung sind unsere moralischen Gefühle ein sicherer Hinweis auf die Existenz unserer Freiheit. So das Gefühl der Eifersucht, des Zornes und des Mitleids. „Alle inneren Anklagen und Gewissensbisse, alle Billigungen und Entschuldigungen, ... alle Mißbilligungen der Gerechtigkeit, die sich aus dem Eifer und dem Sinn für Gleichheit ergeben, die reichlich in allen Menschen vorhanden sind und die jeder in sich selbst durch eine unbezweifelbare Erfahrung wahrnimmt, bezeugen offenkundig, dass in uns die Wahlfreiheit ist".[32]

Schließlich entdeckt die aufmerksame Selbstbeobachtung auch das – schon für die Stoiker im Zusammenhang der Freiheitsproblematik so wichtige – Phänomen der Zustimmung. „Wir erfahren unzweifelhaft in uns selbst", dass nicht irgendeine Begierde in uns oder eine Neigung es ist, die zum Handeln anstößt, sondern unvertretbar und unverwechselbar wir selbst. Die innere Erfahrung vermittelt uns das intimste Wissen überhaupt, nämlich von der Autorschaft unserer eigenen Akte; wir erfahren sie als solche, die von uns selbst stammen (q. 57, 330; q. 58, 413). Das geschieht z.B. immer dann, wenn wir etwas von uns oder uns selbst verschenken, aber auch bei jeder Art von Zustimmung oder Verweigerung von Zustimmung. „Denn nichts ist so in die Macht der Wahlfreiheit gelegt und so von ihr

---

versa ad se non solum sicut ad obiectum, sed etiam sicut motor ad mobile. Unde voluntas consistit supra se et in se cum quadam dominatione secundum quam superfertur sibi ipsi ad tenendum se et ad movendum libere. Talis autem reflexio et conversio spiritualissima et sibi intissima non poterit [...] est posse in se pso recollectissimum, ita quod nullum recollectius potest excogitari [...]. Zum Gegensatz von intellektueller und willentlicher Reflexion vgl. auch In II Sent. q. 57, (ed. B. Jansen II 364, 366).

[31] *Olivi*, In II Sent. q. 57, (ed. B. Jansen, II 324): nulla virtus potest se reflectere immediate super se, nisi habeat libertatem [...].

[32] *Olivi*, In II Sent. q. 57, (ed. B. Jansen, II 317-319).

Die Person: Wesen der Freiheit 71

abhängig wie die Zustimmung".[33] Wenn wir nicht frei wären, so will Olivi sagen, könnten wir nicht Erfahrungen solcher Art machen. Soweit zu dem mittelalterlichen Vorläufer jener modernen Theorie, die das Sein der Person im Selbstbewusstsein begründet sieht.

Die im 13., 14. und 15. Jahrhundert erst aufkeimende Lehre vom *esse morale* oder *ens morale* wird dagegen in entscheidendem Maße erweitert und bereichert durch die Spanische Scholastik, vor allem durch F. Suarez. Hier kommt erstmals unter dem Titel *persona civilis* oder *persona mystica*, das, was wir eine Institution nennen, in den Blick der Ontologie. Der Staat, überhaupt die verschiedenen Formen der Gemeinschaften oder Institutionen, sind *entia moralia*. So wird zum Beispiel auch bei Descartes das Gesetz ausdrücklich ein *ens morale* genannt. Wenig später werden Institutionen solcher Art *personae morales* genannt – eine Bezeichnung, die noch M. Hauriou, einer der einflussreichsten Institutionstheoretiker der neueren Zeit, gebraucht. Damit ist auch das Phänomen der Institution in den Zusammenhang einer Ontologie des Moralischen beziehungsweise einer Metaphysik der Freiheit gestellt. Das Fazit, das sich aus diesem ersten Überblick über die Entstehung einer Theorie vom *esse morale* ergibt, lautet: Die sich im Mittelalter etablierende Metaphysik der Freiheit hat das *ens morale* zum Gegenstand und das heißt die „Person", und zwar in des Wortes zweifacher Bedeutung: einmal die mit Freiheit und Würde ausgestattete Einzelperson und zum anderen die durch Freiheit beziehungsweise Willkür konstituierte Institution, die von ihrer wahren Bestimmung her größere Freiheit ermöglichen soll. Man könnte diese innerscholastische Geschichte des im Sinne eines *ens morale* verstandenen Personbegriffs als eine Kuriosität beiseiteschieben, wenn sie nicht eminente Auswirkungen auf den modernen Person- und Subjektivitätsbegriff gehabt hätte. Das ist vor allem dem Werk von S. Pufendorf zu verdanken, in dem der Begriff des *ens morale* eine fundamentale Rolle spielt.

Die Person wird schließlich im Denken der Neuzeit der Gegenstand einer besonderen Art der Metaphysik, die unter ver-

---

[33] *Olivi*, In II Sent. q. 57, (ed. B. Jansen, II 377).

schiedenen Namen figuriert. Zunächst begründet S. Pufendorf darauf seine Konzeption einer wahrhaft universellen Ethik (*ethica universalis*), bevor Chr. Wolffs *Philosophia Practica Universalis* und die *Metaphysica moralis* der Wolffschule dieses Anliegen aufnehmen. I. Kants *Metaphysik der Sitten*, die schon im Titel an diese Tradition anknüpft, ist eine Metaphysik der Person. Hegels *Rechtsphilosophie* in ihren drei Teilen versteht sich selbst als eine Philosophie der Person. Die Spekulative Ethik des 19. Jahrhunderts, namentlich des H. M. Chalybäus, ist eine nähere Ausformulierung des Hegelschen Grundgedankens.[34]

3. Der intersubjektive Charakter der Freiheit

Eine Begründung dafür, dass Personen notwendig auf andere Personen bezogen sind, finden wir allerdings erst in der neuzeitlichen Philosophie. Das Aufeinanderbezogensein von Personen liegt im intersubjektiven Charakter der Freiheit selbst begründet. Hegel hat uns dies sehen gelehrt.

Die Hegelsche Philosophie kann in bestimmtem Sinne als die Vollendung dieser Personmetaphysik angesehen werden. Seine in den „Grundlinien zur Philosophie des Rechts" enthaltene „Rechtsphilosophie", die – schon nach zeitgenössischen Zeugnissen – die Tradition der Metaphysik des Rechts fortsetzt, ist eine Lehre von der Person. Da der Begriff des Rechts nach Hegel auch in einem weiten Sinne die Gestalt der Freiheit oder das Dasein des freien Willens bezeichnen kann, geht es in der Rechtsphilosophie, die in die drei Teile der „abstrakten Person", der „Moralität" und der „Sittlichkeit" geteilt ist, um verschiedene Gestalten der Freiheit oder verschiedene Gestalten der Person. Deswegen unterscheidet Hegel die drei Teile auch als das „Recht der abstrakten Person", das „Recht der besonderen Person" und das „Recht beider zusammen".[35] Person, das ist hier offenbar das, in dem die Freiheit erscheint, oder, wie später die Speku-

---

[34] Vgl. zu dieser Metaphysiktradition *T. Kobusch*, Die Entdeckung der Person, 67ff.

[35] *G.W.F. Hegel*, Philosophie des Rechts (Vorlesung von 1819/20), hg. von D. Henrich, Frankfurt a. M. 1983, 54. Vgl. Grundlinien der Philosophie des Rechts § 29, Theorie Werkausgabe, Bd. 7, Frankfurt a. M. 1970, 80:

Die Person: Wesen der Freiheit

lative Ethik sagen wird: Die Person ist hypostasierte Freiheit. Grundlage für eine solche Lehre von der Person ist die in der „Einleitung" zur Rechtsphilosophie entwickelte Metaphysik des Willens, die auch in terminologischer Hinsicht eine einzigartige Errungenschaft darstellt, insofern hier erstmals Willkür und Freiheit getrennt werden. Hegel hat es als den „ewigen Mißverstand" bezeichnet, die Willkür und das Belieben für die Freiheit zu halten. Willkür und Freiheit sind vor allem durch den Inhalt des Wollens unterschieden. Was in der Willkür verwirklicht wird, sind die individuellen Interessen, die subjektiven Neigungen und partikulären Triebe. Der Inhalt des Wollens ist also in der Willkür notwendig etwas Zufälliges. So ist der willkürliche Mensch in Wirklichkeit von den von außen ihn bestimmenden Faktoren abhängig und nicht frei. „Ich bin also ebenso abhängig von diesem Inhalt, und dies ist der Widerspruch, der in der Willkür liegt. Der gewöhnliche Mensch glaubt frei zu sein, wenn ihm willkürlich zu handeln erlaubt wird, aber gerade in der Willkür liegt, daß er nicht frei ist".[36] Der Inhalt des wahrhaften Willens dagegen ist etwas Allgemeines – „die Landstraße, wo jeder geht, wo keiner sich auszeichnet" –, die Freiheit selbst. Das macht die wahre Freiheit aus, dass sie selbst immer nur allgemeine Freiheit, d.h. Freiheit für alle will, oder wie Hegel das sagt: dass „also die Freiheit die Freiheit wolle". Das ist das Neue, das Umwälzende der Hegelschen Lehre, dass Freiheit nur da wirklich werden kann, wo sie als allgemeiner Inhalt, d.h. wo Freiheit für alle gewollt wird. Wer sagt, dass das Recht, die allgemeinen Gesetze, die sittlichen Normen oder die Institutionen sein Wollen beschränke, der meint das Wollen der Willkür, die in der Tat dadurch eingeschränkt wird, aber nicht die Freiheit, die durch das Wollen solcher allgemeiner Inhalte gerade erst realisiert wird. Die Vorstellung, je meine Freiheit reiche so weit, bis sie durch die Freiheit der anderen eingeschränkt und begrenzt würde, ist deswegen auch ganz unangemessen. Denn auch sie belegt die Verwechslung mit der Willkür, die als eine

---

„Dies, daß ein Dasein überhaupt Dasein des freien Willens ist, ist das Recht."
[36] *G.W.F. Hegel*, Grundlinien § 15 Z., Theorie Werkausgabe, Bd. 7, Frankfurt a. M. 1970, 67.

an sich unendliche, auf alle möglichen Inhalte sich erstreckende Willensbewegung gedacht wird. In Wirklichkeit beschränkt sich wahre Freiheit selbst, weil sie die Freiheit der anderen nicht als etwas ihr Fremdes, sondern als den ihrem Wollen eigentliche zukommenden Inhalt will. Man muss sich die historische Rolle und Bedeutung dieser Freiheitslehre deutlich machen. Sie ist die erste Konzeption, nach der Freiheit nicht mehr im Sinne der antiken Autarkielehre verstanden wird, sondern als kommunikative Freiheit. Hegel hat das in der „Enzyklopädie" ganz unmißverständlich ausgedrückt: „So bin ich wahrhaft frei nur dann, wenn auch der andere frei ist und von mir als frei anerkannt wird".[37] Die andere Freiheit – das ist keine Beschränkung meiner eigenen, sondern eine Erweiterung derselben – das ist der große Gedanke, den diese Metaphysik des Willens hervorgebracht hat. In diesem kommunikativen Charakter wahrer Freiheit liegt das Aufeinanderbezogensein von Personen begründet. Das, was in der französischen Revolution „Brüderlichkeit" genannt und im 19. Jahrhundert im französischen Sprachraum zuerst „Solidarität" übersetzt wurde, ist kein eigentlicher Zusatz zum Gedanken der Freiheit, recht verstanden, sondern ergibt sich notwendig aus ihm.

Für uns versteht es sich von selbst, meint Hegel, dass die Freiheit diese allgemeine Bestimmung des Menschen ausmacht, so dass jeder Mensch als Mensch unveräußerliche Freiheitsrechte besitzt. Aber „dieses Wissen ist nicht sehr alt". Es ist „durch das Christentum in die Welt gekommen, nach welchem das Individuum als solches einen unendlichen Wert hat, indem es Gegenstand und Zweck der Liebe Gottes ist". Was so durch das Christentum eigentlich bewusst wurde, ist, dass der Mensch an sich zur höchsten Freiheit bestimmt ist, so dass auf diese Weise die Freiheit selbst unabhängig wurde von Geburt, Stand, Bildung usw. Das in der christlichen Welt aufgegangene Bewusstsein schlägt sich nieder in dem „modernen Prinzip" dass der

---

[37] *G.W.F. Hegel*, Enzyklopädie der philosophischen Wissenschaften im Grundrisse § 431 Z. Theorie Werkausgabe, Bd. 10, Frankfurt a. M. 1970, 220.

Die Person: Wesen der Freiheit 75

„Mensch als Mensch frei"[38] und somit in Politik, Recht, Gesellschaft und Religion als Subjekt anzusehen ist.

Der moderne Charakter dieses Prinzips der kommunikativen Freiheit wird jedoch nicht nur durch die Abgrenzung gegenüber anderen Freiheitskonzepten der idealistischen Philosophie deutlich, sondern auch und besonders im Vergleich zu jenem Prinzip, das die antike Welt beherrschte und auch in vielen Philosophien das heimliche Ideal darstellt: das Prinzip der Autarkie. Nach antikem, d. h. aristotelischem und stoischem Verständnis, ist Freiheit und Eudaimonie eines Individuums wie eines Staates im Sinne der Autarkie zu verstehen. Autarkie und Unbedürftigkeit sind seit Euripides auch in der Philosophie wohlbekannte Gottesprädikate und Prädikate eines göttlichen Menschen, der umso freier ist, je unabhängiger er ist. Am deutlichsten ist dieser Freiheitsbegriff im achten Traktat der sechsten Enneade Plotins fassbar mit dem Titel „Der freie Wille und das Wollen des Einen". Plotin entfaltet in diesem Traktat, den H. Krämer „nicht nur für den höchsten Punkt der antiken Freiheitsdiskussion, sondern der antiken Philosophie überhaupt hält", seine These, dass das Eine, das sich selbst das Sein gibt, ganz bei sich, aus sich selbst und durch sich selbst und daher in voller Freiheit, Autarkie und Selbstverfügung rein es selbst ist.[39] Wenn dieser Traktat also repräsentativ für die antike Freiheitsauffassung steht, wird man konstatieren müssen: Freiheit ist im Verständnis der Antike Unbedürftigkeit, Autarkie, Durch-sich-selbst-Sein. Das moderne Prinzip kommunikativer Freiheit besagt das gerade Gegenteil: Freiheit bedarf anderer Freiheit.

Was Hegel in seiner Rechtsphilosophie grundgelegt hat, das wird in der Mitte des 19. Jahrhunderts im System der Spekulativen Ethik, z.B. des Heinz Moritz Chalybäus entfaltet, wo die Persönlichkeit als das Prinzip aller Freiheit, der rechtlichen wie der staatlichen, angesehen und deswegen die Person im Besitz der sog. „unveräußerlichen oder angeborenen Ur- oder Grundrechte" näher betrachtet wird. Die berühmte Losung der Fran-

---

[38] *G.W.F. Hegel*, Vorlesungen über die Geschichte der Philosophie, Theorie Werkausgabe, Bd. 18, 127.
[39] *H. Krämer*, Der antike Freiheitsbegriff, in: Freiheit. Theoretische und praktische Aspekt des Problems, hg. von J. Simon, Freiburg 1977.

zösischen Revolution Gleichheit, Freiheit, Brüderlichkeit fasst diese Grundrechte, die die eigentlichen Naturrechte sind, am besten zusammen. Das Urrecht der Gleichheit bezieht sich auf das in allen Individuen Gleiche, die abstrakte Persönlichkeit, die die in Allen gleiche Ichheit ist[40], meint das Recht der Person auf ihre unmittelbare Geltung als solche, die unmittelbare physische Subsistenz der Person. Damit verbunden ist die Selbstbehauptung gegen unmittelbare Angriffe, d.h. die Selbstverteidigung und das Recht der Notwehr. Die Legitimation dafür ist die unmittelbare Erscheinung der Person, ihre menschliche Gestalt, die Chalybäus auch die unmittelbare Persönlichkeit nennt. Kraft des Gleichheitsprinzips muss die Person beider Geschlechter, aller Rassen, jeglichen Alters, auch der Unmündigen, Blödsinnigen, Wahnsinnigen, ja des Fötalmenschen, kurzum: aller, die zwar insofern nur potentiell Personen sind, als sie die volle Entwicklung und Selbstbetätigung der Persönlichkeit noch nicht erreicht oder wieder verloren haben, gleichwohl aber kraft ihres menschlichen Habitus sich als unmittelbare Persönlichkeit darstellen. Das zweite Urrecht der Freiheit meint die „principiell unantastbare Äußerungsfreiheit" der Person. Es sucht der individuellen Begabung des Einzelnen und damit der Ungleichheit der Personen gerecht zu werden, „und das ist es, was eigentlich die Demokratie will"[41]. Hier kommt die Person als Rechtspersönlichkeit zur Geltung. Als solche aber ist sie bezogen auf andere ebensolche Personen oder, wie Chalybäus sich immer wieder ausdrückt: sie steht in praktischem Verkehr mit anderen Personen, d.h. sie erkennt andere gleiche Personen an und will sich von diesen wiederum als Person anerkannt und behandelt wissen[42]. Der Verkehr ist der Inbegriff aller Äußerungen der freien miteinander in Verbindung stehenden Personen, er ist dasselbe in der ethischen Sphäre, was die Wechselwirkung in der physischen ist. Diese Einsicht in den Verkehrscharakter der menschlichen Freiheit ist die Legitimation für die in diesem

---

[40] Vgl. *H.M. Chalybäus*, System der speculativen Ethik oder Philosophie der Familie, des Staates und der religiösen Sitte § 205, Bd. II, Leipzig 1850, 278.
[41] *H.M. Chalybäus*, System der speculativen Ethik § 168, Bd. II, 103.
[42] *H.M. Chalybäus*, System der speculativen Ethik § 24, Bd. I, Leipzig 1850, 85.

Die Person: Wesen der Freiheit 77

Urrecht der Freiheit implizierten und mit ihm verbundenen anderen Urrechte, wie z.B. die freie Bewegung, die im englischen Recht die locomotivitas heißt, die freie Wahl des Berufsstandes, Hausstandes und das Recht auf Freizügigkeit, das vom Staat als Auswanderung und Kolonisation, unter anderen Umständen aber als Aufnahme von Kolonisten zu begünstigen ist, das Recht der freien Assoziation, das Recht des geistigen Verkehrs und damit auch die Gewissens-, Rede-, Schrift-, und Kultusfreiheit[43]. Das dritte Urrecht der „fraternité" wird im 19. Jahrhundert, einer Idee und der Begrifflichkeit von J. Leroux folgend, als das Recht der Solidarität verstanden. Allen liegt der Gedanke zugrunde, dass die Person als Person innerlich auf andere Personen bezogen ist. Mit Recht sagt R. Spaemann: „Eine einzige Person in der Welt" – und ich füge hinzu: auch außerhalb derselben – „lässt sich nicht denken"[44]. Sie lässt sich deshalb nicht denken, weil sie verkörperte Freiheit ist und Freiheit ohne andere Freiheit nicht sein kann.

Was die Spekulative Ethik des 19. Jh. uns darüber hinaus zu Bewusstsein gebracht hat, betrifft das Wesen der Person und der Freiheit ihrer wahren Bedeutung nach. Sie hat Momente des Freiheitsprozesses unterschieden: die Subjektivität, die Rechtspersönlichkeit und schließlich die Vollendung dieses Prozesses in der Liebe. Die vollendete Freiheit oder Persönlichkeit und damit das dritte Moment des Freiheitsprozesses nennt Chalybäus die Liebe. Sie ist die dem Sein der Freiheit zentral zukommende, bisher von der Metaphysik stets vernachlässigte Kategorie.[45] Was die Liebe ist, ist eigentlich erst in der christli-

---

[43] Zum Begriff des „Verkehrs" und dem Urrecht der Äußerungsfreiheit vgl. *H.M. Chalybäus*, System der speculativen Ethik § 46, Bd. I, 166; § 24, Bd. I, 85; § 140, Bd. II, 23ff.; § 164, Bd. II, 116; §§ 166-170; Bd. II, 121- 135.

[44] *R. Spaemann*, Personen. Versuche über den Unterschied zwischen „etwas" und „jemand", Stuttgart 1996, 49.

[45] Vgl. *H.M. Chalybäus*, System der speculativen Ethik, § 15, Bd. I, 49: „Der Begriff der Liebe als ethische Kategorie ist gewöhnlich von der reinen Wissenschaftslehre oder der sogenannten Metaphysik, wie die ethischen oder geistigen Kategorien überhaupt, ausgeschlossen, sie sind in die ontologisch-physischen herabgezogen, und namentlich die Liebe meist nur (wie noch von Kant) als eine pathologisch-psychologische Erscheinung behandelt worden." Vgl. auch *H.M. Chalybäus*, Entwurf eines Systems der Wissenschaftslehre, Kiel 1846, 286. 296.

chen Religion zu Bewusstsein gekommen, bzw. in deren spekulativer Theologie, sofern sie sich als Philosophie des Christentums versteht. Denn diese spricht vom Menschen und von Gott als freien Persönlichkeiten. Gegen eine mächtige Tradition hat Chalybäus zu zeigen versucht, dass göttliche Allmacht und menschliche Freiheit sich nicht notwendigerweise ausschließen. „Weit entfernt, daß göttliche und menschliche Persönlichkeit, wie noch immer von vielen Philosophen gelehrt wird, und daß göttliche und menschliche Freiheit einander beschränken oder ausschließen", setzt vielmehr die menschliche die göttliche voraus.[46] Das ist nur unter der Voraussetzung denkbar, dass Freiheit in ihrer Vollendung, als positive Liebe oder als absolute positive Freiheit gedacht wird. Liebe ist aber – im Gegensatz zur Macht – jene Form der Freiheit, die sich durch andere Personen, durch andere Freiheit nicht eingeschränkt, sondern vielmehr selbst bereichert fühlt. Wir können sagen, Liebe ist das Wollen und Hervorbringen anderer Freiheit.[47] Sie ist *die* Form der Freiheit, die andere Freiheit um derer selbst willen will. Der egoistische Machtwille widerstreitet just in diesem Punkte am meisten dem Wollen der Liebe, denn er will gerade nicht das, was diese will, „nämlich das um ihrer selbst willen Sein der Producte". Wird in diesem Sinne Gott als Liebe verstanden, dann kann es gar keinen Widerspruch zur menschlichen Freiheit geben. Im Gegenteil. „Und anstatt daß die Gottheit, wenn mit absolut persönlicher Machtfreiheit gesetzt, die menschliche Freiheit aufhebe, ermöglichet sie vielmehr dieselbe; sie setzt oder macht sie freilich nicht unmittelbar, denn die menschliche Freiheit muß selbst das ihrige dabei tun."[48] Freiheit ist also nicht etwas, was im Sinne einer positiven fertigen Eigenschaft einer Substanz hinzugegeben werden könnte. Freiheit

---

[46] *H. M. Chalybäus*, Philosophie und Christentum, Kiel 1853, 124.
[47] Vgl. *H.M. Chalybäus*, Über die ethischen Kategorien der Metaphysik, in: Zeitschrift für Philosophie und spekulative Theologie 8 (1841), 155-211, hier: 189: „Die Liebe ist das Wollen der Freiheit objectiv in den Producten, und dieses Wollen ist die wahre Freiheit, selbst subjectiv in ihrer vollendeten Realität; ... Das absolute Sein also ist die Liebe, ... d.h. freie geistige Selbstheit oder Persönlichkeit, die andere freie Persönlichkeiten will."
[48] *H.M. Chalybäus*, System der speculativen Ethik, § 20, Bd. I, 72. Vgl. auch § 231, Bd. II, 382.

Die Person: Wesen der Freiheit 79

kann nur als etwas Offenes gewährt, d.i. als etwas zu Erwerbendes geschenkt werden, oder wie Chalybäus selbst sagt: „Es kann ein Wesen nur freigegeben, d.i. nicht länger in Zwang gehalten werden, damit es sich selbst positiv frei machen könne." Oder mit noch anderen Worten: „Wer Freiheit will, muß Freiheit gestatten."[49] Chalybäus hat so im Zeichen der Hegelschen Philosophie aber doch auf ganz eigene Weise die Idee der vollendeten Freiheit oder Persönlichkeit als Liebe erklärt. Der Begriff der Liebe macht – im Gegensatz zum Recht – deutlich, dass Freiheit als Intersubjektivität, d.h. als ein positives Bezogensein einer Person auf andere, bzw. einer Freiheit auf andere Freiheit gedacht werden muss. Im „Recht" wird die andere Person als solche zwar anerkannt, ihr Freiheitsraum aber als die Grenze je meiner Freiheit angesehen. In der Liebe dagegen wird die Freiheit der anderen Person als Erfüllung, als Vollendung je meiner Freiheit verstanden. Oder um es mit Worten zu sagen, die an ein Sprichwort anklingen: Wahre Freiheit, das ist das, was man nur haben kann, wenn man es anderen schenkt.

---

[49] *H.M. Chalybäus*, System der speculativen Ethik, § 21, Bd. I, 76; vgl. auch § 233, Bd. II, 391: „Diese Kategorie ist die der positiven Liebe, in der zugleich das Gesetz und die Gerechtigkeit liegt; sie ist nicht mehr die abstracte Liebe der Willkür und egoistischen Machtvollkommenheit, die im Andern nur sich selbst liebt …, sondern selbst freie Persönlichkeiten zu ihrem Zweckobjecte hat, auf sie mit Weisheit wirkt, d.h. sie nicht macht, sondern erzieht, so daß das Verhältniß beides im absoluten Organismus zur Einheit des heiligen Gesammtlebens wird", oder: § 33, I 120: „daß … die Freiheit nicht gegeben, sondern nur erworben werden kann."

Aussprache

Leitung: *Dr. Johannes Hattler*

Reinhard Liedgens: In Hegels Sittlichkeit sind auch Institutionen Träger von Freiheit: die Familie, die bürgerliche Gesellschaft mit einem Not- und Verstandesstaat, dann der richtige Staat. Wie wichtig erachten Sie die Institution für den Begriff der Person?

Kobusch: Unter den Begriff der Person fällt die Institution als *persona moralis composita*. Bei Suarez wird dies definiert. Eine Institution wie unser Staat ist danach insofern Person, als ein Wille erkennbar ist. Wenn der Bundespräsident im Ausland diesen Staat vertritt und sich dort äußert, vertritt er darin die Gesamtheit der Deutschen, wird jedenfalls so verstanden. Und dieser eine Wille der Deutschen ist es, der die Institution Staat zu einer zusammengesetzten Person macht. Deshalb auch können wir eine solche Person auch verantwortlich machen. Insofern ist es höchst aktuell der Überlegung wert, ob Institutionen wie Banken, die uns doch als etwas eher Anonymes erscheinen, für Fehlleistungen verantwortlich gemacht werden sollen. In diesem Sinne müssen sie auch als Personen erscheinen – und nicht als etwas Gesichtsloses. Und dafür muss per Gesetz gesorgt werden. Apropos gesichtslos. Im griechischen Personbegriff – *prosopon* – steckt ja Sehen, das Sichtbare. Im Lateinischen komme persona, das wird oft im Mittelalter erklärt, von *personare* = durchtönen. Hier passt der griechische Begriff besser: Alles was ein Antlitz trägt, ist Person. Und solche Institutionen sollten eben auch ein Antlitz tragen.

Ignatius Kordecki: Sie sprachen über Personen als Wesen moralischen Seins, in diesem Sinn auch von Institutionen. Personen werden traditionell aber doch auch als Substanzen verstanden. Das scheint mir für Institutionen nicht zuzutreffen. Was also macht eine Person aus?

Kobusch: Die Person ist ein Wesen der Freiheit. Wenn man dies betont, dann will man eine andere Tradition vernachlässigt wissen, nämlich die Betrachtung der Person als bloßes Naturwesen. Die Person als Wesen der Freiheit ist verbunden mit dem Pflichtcharakter. Am Anfang der Metaphysik der Sitten definiert Kant die Person so. Und das steht ganz in der langen Tradition: Person ist das verantwortungsfähige Wesen. Verantwortung kann man nur haben, wenn man frei ist. Also liegt dem eine ganze Freiheitslehre zugrunde. Bei der juristischen Person handelt es sich um eine Änderung in der Terminologie. Was vorher *persona moralis* hieß, heißt dann juristische Person bei dem berühmten von Savigny. Wenn sich Begriffe ändern, dann ändert sich allerdings auch die Sache. Wir haben die Sachen nur durch die Begriffe. Derjenige, der die Bezeichnung änderte, wusste jedoch genau, wie diese Sache vorher hieß und seine Veränderung zielt vielleicht darauf, hier sich des ontologischen Status zu entledigen. Was ihm ja auch gelungen ist.

Dr. Ingrid Preussner: Sie definieren die Person durch die Freiheit. Nun leugnen einige moderne Hirnforscher, dass wir überhaupt einen freien Willen besitzen. Diese These, dass wir nicht frei sind, hat ja auch erhebliche Auswirkungen auf das Recht. Wie stellt sich denn die Philosophie zu dieser Aussage?

Kobusch: Ich gestehe, dass ich mich mit diesen Thesen noch wenig herumgeschlagen habe. Ich sehe nämlich, dass diese Art von Philosophie den Evidenzen der Lebenswelt derart radikal widerspricht, dass es keine wahre Philosophie sein kann. Deshalb frage ich mich: Wenn diese Autoren den Anspruch auf eine eigene Philosophie erheben, mit der sie ganze Lebenswelt umkrempeln, muss man das dann lesen? Ich für meinen Teil weiß, dass mein Leben begrenzt ist und deshalb überlege ich mir sehr gut, was ich lesen und womit ich mich auseinandersetzen soll. Das gehört nicht dazu. Diese Antwort dürfte für Sie aber in dieser Kürze sehr unbefriedigend sein.

Ulrich Nagel: Mit Bezug auf die Ausführungen von Robert Spaemann haben Sie eingangs gesagt, die antike Trinitätslehre könne uns beim Verständnis des Personbegriffs nicht wirklich weiterhelfen. Und Sie endeten damit, dass die Person nur durch Relationalität und aufgrund der Freiheit verstanden werden kann. Ist aber nicht in der Trinität – wenn wir etwa die Definition der trinitarischen Personen bei Thomas v. A. betrachten – in höchster Weise die Relationalität und Freiheit enthalten?

Kobusch: Vielen Dank. Ich glaube, diese Frage hätte ich auch gestellt. In der Tat, speziell bei Augustinus rückt angesichts des Problems, wie wir die göttlichen Personen denken können, der Relationsbegriff immer mehr in den Vordergrund. Insofern wird auch dem Aristotelismus widersprochen, für den die Kategorie der Relation nur von untergeordneter Bedeutung war. Diese Diskussion wird dann im Mittelalter aufgenommen. Insofern haben Sie recht.

Meine Bemerkung bezog sich auf etwas anderes. Ich fasse es nicht, wie die Rede von *tres hypostaseis* bei Boethius und anderen mit drei Personen übersetzt werden kann, da der Begriff der *hypostasis* doch gerade das Gegenteil ausdrückt. Hypostasis ist das, was in sich subsistiert und darin kommt gerade nicht der Relationsgedanke zum Ausdruck. Aber es stimmt, dass sich eine spätere Tradition eben darum bemüht hat und insofern sind Anregungen aus der Trinitätslehre in den späteren Personbegriff übergegangen.

Martin Rothweiler: Sehen Sie einen Unterschied zwischen Ihrem Personbegriff und dem von Robert Spaemann? Spaemann spricht von einer Seinsweise, was sich durchaus im Sinne einer ontologischen Kategorie verstehen lässt. Sie sprechen von moralischem Sein. Das *ens morale* ist auch eine Seinsweise. Aber verstehen Sie den Personbegriff als rein moralischen bzw. können Sie sagen, welcher ontologische Status der Person zukommt? Wenn man die Definition der Person des Boethius erweitert um den freien Willen, würde das dann ihrem Personverständnis entsprechen oder nahe kommen?

Kobusch: Das ist bei Boethius ja auch selber geschehen. Wenig später im Text, nach der berühmten Definition spricht er vom *liberum arbitrium*. Libertas kann auch von Gott ausgesagt werden. Bei Boethius ist das ein Anhängsel. Im Mittelalter und in der kantischen Epoche, und darum geht es mir hier, steht das Willensreich – das Reich der Freiheit, Reich der Zwecke, sagt Kant – dem Reich der Natur gegenüber. Bei Aristoteles haben wir diesen Gegensatz nicht. Da steht eindeutig der Wille in den Diensten der Natur. Dieser Gegensatz ist durch das Christentum ins Spiel gebracht worden. Auf diese Weise wird deutlich, dass die Freiheit zwar ihre physische Voraussetzung hat in endlicher Gestalt. Sie ist aber eine Freiheit, die sich vom Reich der Natur auch unabhängig machen kann. Das ist auch die Idee Kants. Und das wäre, denke ich, nicht möglich, wenn die Freiheit nur als bloß hinzukommendes Prädikat zur genannten Definition gedacht würde.

Inwiefern sich mein Verständnis mit der Persondefinition von Robert Spaemann deckt? Spaemann weiß viel sachkundiger auf die modernen Probleme einzugehen. In der Tendenz sind wir aber, denke ich, in der Tat nicht weit auseinander. Historisch schaue ich mir das vielleicht noch etwas genauer an, etwa im Hinblick auf das Verhältnis von Bild und Gleichnis. Das finde ich ganz spannend. Das ist auch bereits urchristlich, nicht erst mittelalterlich, wie er ausführte. Aber das sind Kleinigkeiten.

Prof. Dr. Claudia Bickmann: Beide Ansätze sind in der Tat sehr kompatibel. Hier der Gedanke der Einzigartigkeit der Person, deren Identität nur numerisch verstanden wird, dort – wie es Robert Spaemann versucht – Identität in der qualitativen Dimension gedacht – auch nicht reduzierbare Einzigartigkeit im Sinne der ersten Substanz, des Substrathaften. Spaemann bestimmt das gleichwohl im Sinne des besonderen So-Sein-Könnens, des ins Verhältnis-zu-sich-Setzens. Das würde heißen: Freiheit.

Das ist aber nicht nur die Freiheit des so oder so sich Bewegens, sondern auch der Veränderung. Also des gleichzeitig sich auch vom Orte des anderen aus Verstehens. Also Reue oder die drei Topoi der Selbstwahrnehmung. Und hier ist die Moralität, das *ens morale* ja im Grunde genommen konstitutiv.

Aber es ist immer gebunden an ein Natürliches, an die Vitalstruktur. Das scheint mir jedoch auch sehr kantisch. Wenn Kant keinen Weltstaat, oder sagen wir, die Auflösung der Nationalstaaten im Blick hat, dann doch deswegen, weil die Naturgebundenheit in einem jeden Gemeinwesen, geopolitisch oder wie auch immer, eine irreduzible Dimension ist. Also das Angebundensein an die sozusagen eigene Subsistenz, an das Natürliche; das Vitale ist auch eine Dimension. Ich denke, das Reich der Zwecke ist gerade der Versuch, diese beiden Dimensionen kompatibel zu denken. Die Moralität, die aus Freiheit – aus reiner Selbstgesetzgebung – konstituierte Ordnung ist ja eine, die immer mit der Glückseligkeit, mit dem Natürlichen, mit der Vitalkraft des Einzelnen und seinen höchsten Zwecken, natürlichen Zwecken kompatibel sein muss. So dass dieses Reich der Zwecke auch wiederum zusammenstimmen könnte mit dem, was Robert Spaemann gerade eher von der Individualmonade aus oder von der *ousia* einer sich vielleicht selbstbewegenden entelechial gedachten Personalität herleitet. Die Kompatibilität ist also größer als es auf den ersten Blick scheint, obwohl das eine in der Richtung liegt, die mit Blick auf den Aristotelismus in ihr in Abweis gebracht war.

Kobusch: Selbst wenn es in Hinblick auf den Aristotelismus noch Differenzen gäbe, könnte man in Anknüpfung an Deine Ausführungen hier einen Begriff einführen – der noch gar nicht fiel, aber hineingehört in eine Diskussion der Freiheit – nämlich den Begriff der zweiten Natur. Wir haben vom Gegensatz Natur und Freiheit gesprochen, müssen aber doch wissen – und Spaemann hat das in der Sache des öfteren angesprochen –, dass wir nur zweite Natur um uns haben. Eine von Menschen erstellte Natur. Es gibt keine erste Natur hier. Uns selbst einbegriffen natürlich. Wenn etwas entdeckt wird, wenn das Gen entschlüsselt wird, dann wird etwas in die Verantwortung des Menschen gelegt, was bisher verschlossen, erste Natur war. Und wir tun uns schwer damit. Immer wenn wir etwas mit Hilfe der Naturwissenschaft erobern, sind wir im selben Augenblick dafür verantwortlich. Es wird – wenn Sie so wollen – ens morale. Ganz einfach: der Baum ist ein Naturwesen. Wenn ich denselben Baum als Eigentum eines anderen betrachte, dann ist der selbe Baum ein moralisches Sein, das ich zu achten habe. Ich darf nicht einfach die Äpfel klauen. Daraus ergibt sich für mich unendliches Weiteres: Es gilt auch für große Entdeckungen – mit der Folge unserer Verantwortung für alles, was man da entdeckt. Man kann es zweite

Natur nennen. Zweite Natur kann man am ehesten so erklären: Natur, für die wir verantwortlich sind.

Prof. Dr. Michael Roggendorf: Nimmt man mit der Evolutionstheorie an, dass der Mensch vom Affen abstammt und diese Entwicklung als Kontinuum zu denken ist, dann wird es m.E. doch sehr schwierig, die Person noch als Freiheitswesen – mit alle Folgen – zu verstehen, wie wir es hier tun.

Kobusch: Mir ist überhaupt nicht einsichtig, wie man das Aufkommen von Selbstbewusstsein evolutiv erklären soll. Die Evolutionstheoretiker selbst haben hier den Begriff der *Fulguration* ins Spiel gebracht. Da gibt es dann plötzlich den blitzartigen Übergangs von einem zum anderen.

Prof. Dr. Michael Roggendorf: Das eben kann nicht erklärt werden, wird aber dennoch behauptet. Die These des kontinuierlichen Übergangs wird jedoch von vielen angenommen. Wenn das Genom des Neandertalers sequenziert wird, heißt es dann, das sei ein Übergangsstadium. Die geistigen Fähigkeiten können dabei ohnehin nicht berücksichtigt werden.

Kobusch: Bewiesen wären solche Theorien dann, wenn wir sie heute im Experiment nachvollziehen können. Bis dahin aber liegt die Beweislast auf der anderen Seite, oder nicht? Das Alltagsbewusstsein des Menschen weiß sehr wohl um den Unterschied zwischen Tier und Mensch. Und die Wissenschaft kann nicht einfach Wahrheit behaupten und das Denken und Empfinden der Lebenswelt beiseite schieben wollen.

Prof. Dr. Michael Roggendorf: Manche Vertreter des Tierschutzes fordern, Tierrechte müssten ins Grundgesetz.

Kobusch: Ein Beweis für die Kontinuumsthese ist das wohl nicht. Gegenüber Kant ist das eine neue Position. Bei Kant fiel das Tier noch unter den Begriff der Sache. Es gibt Personen und Sachen. Hegel hatte gesagt, Tiere können keine Rechte haben. Das erfordert Personsein. Dazu bedarf es der Selbstreflexivität, damit man Anspruch erheben kann, dass dies respektiert wird, usw.

Aussprache

Die neue Position sagt auch nicht, dass Tiere Personen sind, sondern dass wir noch ein drittes davon unterscheiden müssen: Eine Tierethik, meinetwegen, also wie Personen mit Tieren umgehen. Wir wissen sehr wohl, dass, wenn wir die Tiere schützen wollen – als Tiere –, dass es einen qualitativen und keinen nur graduellen Unterschied zwischen Menschen und Tieren gibt.

Jakob Fortunat Stagl

Die Personwerdung des Menschen: Anfänge im Römischen Recht

I. Einleitung: Der Begriff Person im bürgerlichen Recht

Im bürgerlichen Recht hat der Begriff der Person drei Funktionen: Abstraktion, Zurechnung und – am wichtigsten – Pathos. Wenden wir uns diesen der Reihe nach zu: Der Begriff der ‚Person' ist eine Abstraktion. Diese Abstraktion bezeichnet den Menschen im Hinblick auf das Rechtssystem. So heißt es treffend im Allgemeinen Landrecht für die Preußischen Staaten von 1794: „Der Mensch wird, sofern er gewisse Rechte in der bürgerlichen Gesellschaft genießt, Person genannt"[1]. Das Rechtssystem braucht diese Abstraktion, dieses gewollte Absehen vom Einzelnen, weil es zum einen allgemeine Regeln aufstellt, sich also für den Einzelnen als solchen überhaupt nicht interessiert, und – schlimmer noch – weil unterschiedliche Gruppen von Individuen unterschiedliche Rechte haben. So sind etwa alle Deutschen Personen, sie sind aber in unterschiedlichem Ausmaß rechtsfähig: Nach Art. 54 Abs. 1 des Grundgesetzes muss man nämlich das 40. Lebensjahr vollendet haben, um zum Bundespräsidenten gewählt werden zu können. Diese Unterschiede, die – je nach Zeit und Ort – sehr weit gehen können, wie wir noch sehen werden, lassen sich leichter formulieren, wenn man nicht den konkreten Menschen vor Augen hat, sondern nur die Abstraktion der ‚Person'. Abstraktionen sind eben sehr viel neutraler als konkrete Benennungen. Die juristische Redeweise von der ‚Person' statt vom ‚Menschen' erfüllt also – so ein erstes Ergebnis – die Funktion, als sprachlicher Anknüpfungspunkt für die Unterscheidung bestimmter Gruppen von Menschen zu dienen.

---

[1] I, 1, § 1 Preuß. ALR.

Im Bürgerlichen Recht ist jeder – geborene – Mensch Person[2]. Und von dem Menschen sagt § 1 des Bürgerlichen Gesetzbuches, dass er mit der Vollendung seiner Geburt rechtsfähig werde. Mit der Geburt stattet unsere Rechtsordnung also den Menschen mit dem Prädikat Person aus und verbindet hiermit die Fähigkeit, Träger von Rechten und Pflichten zu sein[3]. Unsere Rechtsordnung knüpft die Rechtsfähigkeit an den Begriff der ‚Person' insbesondere deshalb, um auf diese Weise auch Zusammenschlüsse von Personen in ihrer Verbundenheit zu Trägern von Rechten und Pflichten zu machen. Hierzu bedient sich unsere Rechtsordnung des Begriffs der ‚juristischen Person', im Gegensatz zur ‚natürlichen Person': Juristische Personen des Privatrechts sind etwa die Aktiengesellschaften. Gäbe es diese Zurechnung von Rechten und Pflichten an eine durch Gedankenoperation konstruierte – juristische – Person nicht, so würde diesen Rechten und Pflichten das Subjekt als Zurechnungspunkt fehlen. Gegen subjektlose Rechte und Pflichten sträubt sich aber ein „die Menschennatur durchziehender tiefer Zug zur Persönlichkeit"[4]. Die natürlichen und juristischen Personen sind die Akteure des Rechtssystems[5] und werden im Hinblick hierauf Rechtssubjekte genannt, die Rechtsobjekte hingegen sind die Gegenstände mit denen diese Rechtssubjekte agieren, also körperliche Gegenstände wie etwa ein Bleistift oder unkörperliche Gegenstände wie Forderungen und Rechte[6].

Das klingt alles neutral und technisch, ist es aber nicht und damit kommen wir zum Pathos. Nicht unter den Personenbegriff fallen z.B. die Tiere[7]. Das war heidnischen Rechtsordnungen fremd und ist ja auch bei uns nicht unumstritten. So sagt § 90a des BGB, dass Tiere keine Sachen sind, nimmt sie also aus der Kategorie der Rechtsobjekte heraus. Ebenfalls problematisch ist die Stellung des ungeborenen Menschen. Der im Zivilrecht sog. Nasciturus kann unter der Bedingung, dass er

---

[2] *Windscheid*, Lehrbuch des Pandektenrechts, Bd. 1, 9. Aufl., 1906, § 49 Nr. 1.
[3] Münchener Kommentar zum BGB-*Schmitt*, 5. Aufl., § 1 Rz. 6.
[4] Formulierung *Windscheid*, cit. § 49 Nr. 2.
[5] Ihr Wille ist maßgeblich; *Windscheid*, cit. § 49 Nr. 1.
[6] Zu Rechtssubjekt und Rechtsobjekt *Enneccerus/Nipperdey*, Allgemeiner Teil des Bürgerlichen Rechts, 15. Aufl., 1959, S. 444 ff., 450 ff.
[7] *Hattenhauer*, Grundbegriffe des bürgerlichen Rechts, 2. Aufl. 2000, § 1 II.

geboren wird, bestimmte Rechtsvorteile in Anspruch nehmen[8]. So sagt § 1923 Abs. 2 des Bürgerlichen Gesetzbuches: „Wer zur Zeit des Erbfalls noch nicht lebte, aber bereits gezeugt war, gilt als vor dem Erbfall geboren". Ob der Nasciturus hingegen darüber hinausgehende Rechte hat, also z.B. ein solches auf Leben, beantwortet diese Vorschrift nicht. Gegen die Rechtsfähigkeit des ungeborenen Menschen streitet § 1 des Bürgerlichen Gesetzbuches, der den Beginn der Rechtsfähigkeit ausdrücklich an die Geburt knüpft[9], was freilich nicht bedeutet, dass sich ein solcher Schutz nicht aus höherrangigen Rechtsnormen wie etwa dem Grundgesetze oder Europäischen Menschenrechtskonvention ergibt. In unserer Rechtsordnung ist freilich nicht mehr umstritten, dass jeder, aber auch jeder geborene Mensch unter § 1 des Bürgerlichen Gesetzbuches fällt, also eine Person mit Rechten und Pflichten ist[10]. Diese nur aus dem Menschsein begründete Inanspruchnahme von Rechten für die ‚Person', dieses Pathos des Personenbegriffs, hat am schönsten § 16 des österreichischen Allgemeinen Bürgerlichen Gesetzbuches aus dem Jahre 1811 formuliert:

> Jeder Mensch hat angeborene, schon durch die Vernunft einleuchtende Rechte, und ist daher als eine Person zu betrachten. Sklaverei oder Leibeigenschaft, und die Ausübung einer darauf sich beziehenden Macht wird in diesen Ländern nicht gestattet.

Dieser Vorschrift zufolge hat also jeder Mensch die wesentlichen Grundrechte der Freiheit und Gleichheit deshalb, weil er Person ist. Im Begriff der Person kristallisiert sich ein nicht zu hintergehender Mindestschutz des Menschen[11]. Wie kam es dazu – das ist die entscheidende uns beschäftigende Frage – dass der an sich blasse Begriff der Person zum Gefäß naturrechtlichen Pathos' wurde? Hierzu müssen wir die Geschich-

---

[8] Hierzu aus Sicht des römischen Rechts mit Quellenangabe und Lit. *Tafaro*, Ius hominum causa constitutum, 2009, S. 39 ff.
[9] Hierzu *Enneccerus/Nipperdey*, cit. S. 480. Zum Nasciturus die Angabe bei MünchKomm-*Schmitt* § 1 Rz. 23 ff.
[10] Das ist keineswegs selbstverständlich, wie man aus der heidnischen Antike weiß, wo es sogar eine sittliche Pflicht zur Tötung von Mißgeburten gab; *Mommsen*, Strafrecht, 1899, 618 f.
[11] *Giltaj*, Mensenrechten in het Romeinse recht?, 2011, S. 49 ff., 180 f.

te dieses Begriffs betrachten, die unter diesem Aspekt – soweit dem Verfasser bekannt – noch nicht untersucht wurde.

II. Der klassische römische Personenbegriff: Der Mensch in seinen ständischen Ketten

1. Persona

Das deutsche Wort Person kommt wohl vom lateinischen *persona*[12] und meint dort zunächst die Verkleidung bzw. Maske[13] und dann im übertragenen Sinn die Rolle auf der Bühne und in noch weiterer Übertragung die Rolle in der Welt. Hiervon ausgehend bekam das Wort die weitere Bedeutung von ‚Persönlichkeit'[14]. Bezogen auf das Rechtssystem bedeutet der Begriff die Rolle im Prozess als Richter, Kläger, Beklagter oder Zeuge und schließlich die Rolle im Rechtssystem[15]. Wir hatten nun eingangs die rein theoretisch untermauerte Behauptung aufgestellt, dass der Begriff der Person zunächst eine dehumanisierende Funktion haben kann. Dies zeigt sich in Gaius' synthetisierter Darstellung des Rechts der persönlichen Verhältnisse, welche wir hier der Einfachheit halber in der Fassung der Institutionen Kaiser Justinians präsentieren:

Justinian, Institutionen 1, 3.

Summa itaque divisio de iure personarum haec est, quod omnes homines aut liberi sunt aut servi. Et libertas quidem est, ex qua etiam liberi vocantur, naturalis facultas eius quod cuique facere libet, nisi si quid aut vi aut iure	Die wichtigste Unterscheidung im Recht der Personen ist diejenige, nach welcher alle Menschen entweder Freie sind oder Sklaven. Die Freiheit, von welcher die Freien ihren Namen haben, ist die Möglichkeit das zu tun, was einem be-

---

[12] *Jacob* und *Wilhelm Grimm*, Deutsches Wörterbuch i.v.
[13] Die Etymologie des Wortes *persona* in der lat. Sprache ist höchst umstritten; *v. Blumenthal*, in RE s.v. persona.
[14] *Georges* Handwörterbuch der lateinischen Sprache, 8. Aufl., 1916/9, i.v., und Oxford Latin Dicitionary, hrsg.v *Glare*, Oxford 1982, i.v.
[15] *Heumann/Seckel*, Handlexikon zu den Quellen des römischen Rechts, 9. Aufl. 1926, s.v. persona.

prohibetur. Servitus autem est constitutio iuris gentium, qua quis dominio alieno contra naturam subicitur. Servi autem ex eo appellati sunt, quod imperatores captivos vendere iubent ac per hoc servare nec occidere solent: qui etiam mancipia dicti sunt, quod ab hostibus manu capiuntur. Servi autem aut nascuntur aut fiunt. nascuntur ex ancillis nostris: fiunt aut iure gentium… In servorum condicione nulla differentia est. in liberis multae differentiae sunt: aut enim ingenui sunt aut libertini.

liebt, sofern es nicht durch Befehl oder Rechtssatz untersagt ist. Die Sklaverei hingegen ist eine Einrichtung des Völkergemeinrechts, durch welche eine Person der Herrschaft einer anderen Person gegen die Natur unterworfen wird. Die Sklaven (servi) haben ihren Namen daher, dass die Feldherren die Kriegsgefangenen zu verkaufen pflegen und sie gewöhnlich zu diesem Behufe *reservieren*, d.h. nicht töten. Zum Sklaven wird man geboren oder gekoren. Geboren wird man als Sklave durch eine Sklavin. Gekoren wird man als Sklave durch das Völkergemeinrecht… Beim Status der Sklaven gibt es keine Unterschiede, bei den Freien hingegen sehr viele: Ein Teil sind nämlich Freigeborene, ein Teil Freigelassene.

Würde man nicht einen pseudo-harmlosen Begriff durch einen ebensolchen ersetzen wollen, so dürfte man nicht wie gemeinhin üblich übersetzen „Über das Recht der Personen", sondern „Über das Recht der Stände". Denn das ist genau das, was Gaius und die Institutionen mit dieser Abstraktion meinten[16]. So spricht Gaius an anderer Stelle davon, dass eine bestimmte Aussage für Sklaven gelte und „für andere Personen, welche uns von Rechts wegen unterworfen sind" (*eadem de ceteris quoque personis, quae nostro iuri subiectae*)[17]. Die Aufteilung der Menschen in verschiedene Stände mit stark akzentuierten unterschiedlichen Rechten entsprach dabei durchaus antikem Denken, ausformuliert vor allem bei Platon und Aristoteles[18].

Wie Gaius sagt, ist die wichtigste ständische Unterscheidung jene zwischen Freien und Sklaven. Wenden wir ihr uns also zu,

---

[16] *Albanese*, Le persone nel diritto romano privato, 1979, S. 8.
[17] Gai. 4, 135.
[18] Nachweise bei *Albanese*, cit. S. 347 f.

und zwar in jener Gestalt, wie sie ungefähr bis zum Ausgang der Republik bestand:

2. Freie und Sklaven

Der Freie kann alles, was nicht verboten ist, der Sklave kann nur, was ihm befohlen wird. Der Freie ist – in unserer Terminologie – Person, also Träger von Rechten und Pflichten, der Sklave hingegen ist eine Sache[19] und wird analog einem Stück Großvieh behandelt[20]. Diese Analogie ist im vollen Sinn des Wortes zu nehmen: Der Herr konnte entscheiden, den Sklaven zu welcher Tätigkeit auch immer zu verwenden und er hatte das Recht, den Sklaven zu töten. Der Freie ist Rechtssubjekt, also Akteur, der Sklave ist Rechtsobjekt, also ein Gegenstand der Handlungen anderer[21]. Gemildert wurde diese absolute Herrschaft nur durch die Sitte, deren Wahrung dem Zensor oblag[22]. Ein stärkerer Gegensatz lässt sich nicht denken. Wenn man diesen Gegensatz dadurch sprachlich fasst, dass verschiedenen Menschen verschiedene Rollen zugewiesen sind, dann verbirgt sich dahinter ein Bild: Mit der Geburt steckt eine Art göttlicher Dramaturg den einen in die Wiege eines Freien, er soll mit einem typischen Namen Seius heißen und den anderen in eine Sklavenwiege, er soll mit einem typischen Namen Pamphilus heißen. Mag Pamphilus schöner, gutherziger, intelligenter und tüchtiger sein als Seius, er wird immer eine andere Rolle haben, er wird den Seius bedienen müssen, im schlimmsten Fall als besseres Arbeitstier auf einem der Latifundien des Seius, im besten Fall in einem der stadtrömischen Häuser des Seius, mit der Möglichkeit des Aufstieges, der in der Freilassung des Pamphilus durch den Seius kulminieren könnte.

Der Standesunterschied zwischen Freien und Sklaven konnte äußerste Formen der Grausamkeit hervorrufen. Dieser Stan-

---

[19] Gai. 2, 13.
[20] Ausführlich *Albanese*, cit. S. 19 ff., und *Tafaro*, cit. 173 ff. Siehe auch *Spengler*, Zum Menschenbild der römischen Juristen, in: Juristenzeitung 2011, 1021, 1025.
[21] *Albanese*, cit. S. 108.
[22] *Giltaj*, cit. S.55 ff.

desunterschied war nämlich nicht nur irgendeine Grille, sondern die Grundlage eines ganzen Wirtschaftssystems und zwar in einem solchen Grade, dass Max Weber davon sprach, die antike Wirtschaft haben den Sklaven gebraucht wie der Hochofen die Kohle[23]. Dementsprechend wenig Humor zeigten die Römer, wenn die Grundlagen dieses Wirtschafts- und Gesellschaftssystems in Frage gestellt wurden. Besonders eindrucksvoll belegt dies das *senatusconsultum Silanianum* aus dem Jahre 10 n.Chr[24]. Danach sollten alle Sklaven eines Haushaltes getötet werden, wenn der Herr aus ihrer Mitte ermordet worden war. *Quot servi, tot hostes* („Man hat soviele Feinde wie man Sklaven hat") lautete ein bekanntes Sprichwort. Tacitus überliefert eine Debatte im Senat, in der es darum ging, dieses Gesetz auf einen Haushalt von gut 360 Sklaven anzuwenden:

Tacitus, Annalen 14, 40 ff. [44]

Suspecta maioribus nostris fuerunt ingenia servorum, etiam cum in agris aut domibus i[s]dem nascerentur caritatemque dominorum statim acciperent. postquam vero nationes in familiis habemus, quibus diversi ritus, externa sacra aut nulla sunt, conluviem istam non nisi metu coercueris. at quidam insontes peribunt. nam et ex fuso exercitu cum decimus quisque fusti feritur, etiam strenui sortiuntur. habet aliquid ex iniquo omne magnum exemplum, quod contra singulos utilitate publica rependitur.	Unseren Altvorderen war das Gemüt der Sklaven suspekt, auch wenn sie auf ihren Gütern oder Häusern geboren wurden und im Respekt ihrer Herren aufwuchsen. Nunmehr haben wir Nationalitäten in unseren Haushalten, die andere oder gar keine Kulte pflegen. Einen solchen Haufen kann man nur durch Furcht beherrschen. Man könnte aber [gegen die Anwendung s.c. *Silanianum*] einwenden, dass dabei auch Unschuldige umkommen. Aber selbst bei einem geschlagenen Heer, bei dem jeder zehnte Mann mit dem Knüppel gefällt wird, trifft das Los auch Tapfere. Jedes große Exempel, das um des allgemeinen Nutzens willen gegen den Einzelnen statuiert wird, hat eben etwas Ungerechtes an sich.

---

[23] Die sozialen Gründe des Unterganges der antiken Kultur, in: Schriften 1894-1922, hrsg. v. Kaesler, Stuttgart 2002, S. 57.
[24] *Giltaj*, cit. S. 61 ff.

Ursprünglich meint Person, so können wir festhalten, also den Menschen im Hinblick auf seine Standesrolle. Der Begriff dient damit ursprünglich der rechtlichen Diskriminierung in ihrer denkbar schärfsten Form.

3. Freigeborene und Freigelassene

Die einzige Möglichkeit, der Rolle des Sklaven zu Lebzeiten zu entkommen, war die Freilassung[25]. Doch führte auch diese nicht zu einer rechtlichen Gleichstellung mit dem Freilasser. Vielmehr ist die wichtigste Unterscheidung innerhalb der Freien nach Gaius die zwischen Freigeborenen (*ingenui*) und Freigelassenen (*liberti* bzw. *libertini*)[26]. Der Freigelassene unterstand der Patronatsgewalt seines Freilassers[27] und schuldete ihm Tagwerke (*operae*) und er war verpflichtet, ihn zum Erben einzusetzen. Das aus der Freilassung entstehende Klientelverhältnis weist starke Parallelen zum – sogleich zu behandelnden – Verhältnis des *pater familias* zu seinen Kindern *in potestate* auf. Freigelassene konnten keine höheren religiösen oder staatlichen Ämter bekleiden[28]. Ihre Ehe mit Personen senatorischen Ranges wurde von den augusteischen Ehegesetzen untersagt[29]. Erst die Kinder der Freigelassenen hatten den Status des Freigeborenen. Sozial war dieser Status des Freigelassenen nicht sehr vorteilhaft, sondern galt als Makel[30]. Für die Freigelassenen großer Herren, insbesondere des Kaisers und seiner Angehörigen, konnte die Freilassung allerdings zum Beginn eines echten sozialen Aufstieges werden, hatten sie doch Vermögen, Verbindungen und Kenntnisse erworben. Der Trimalchio im ‚Satyricon' ist ein klassisches Beispiel hierfür.

---

[25] *Albanese*, cit. S. 22 ff., 38 ff.
[26] Hierzu *Albanese*, cit. S. 57 ff.
[27] *Albanese*, cit. S. 63 ff.
[28] *Albanese*, cit. S. 58.
[29] *Albanese*, cit. S. 59 f., im einzelnen bestehen hier Unsicherheiten.
[30] *Albanese*, cit. S. 58.

4. Römer und Fremde

Die Rechtsstellung der Fremden behandelt der zweitwichtigste Standesunterschied innerhalb der Freien, der des *status civitatis*. Kriegsgegner waren vollkommen rechtlos. Sie wurden getötet oder versklavt. Andere Fremde wurden als frei anerkannt. Sie konnten aber nicht an der römischen Rechtsgemeinschaft teilhaben, da diese auch eine Kultgemeinschaft war[31]. Dieser krasse Ausschluss aus der Rechtsgemeinschaft wurde überwunden durch die Zuerkennung von *comercium*, also dem Recht, wirksame Verträge zu schließen[32] und dem *conubium*, also dem Recht mit einem Bürger der Stadt Rom eine nach römischem Recht gültige Ehe einzugehen[33]. Selbstverständlich hatte der Fremde keinerlei politische Rechte. Der Fremde war, so könnte man sagen, in seiner ursprünglichen Form weder Rechtssubjekt noch Rechtsobjekt, er wurde von der Rechtsordnung schlichtweg nicht wahrgenommen[34].

5. Der Hausvater und seine Gewaltunterworfenen

Die Verhältnisse von Überordnung und Unterordnung von Freien innerhalb einer Familie[35] bilden im kleinen die Stellung von Herren und Sklaven ab[36]: Die wichtigste Unterscheidung ist die zwischen *personae sui iuris* und *alieni iuris*. Das Haupt einer Familie ist der *pater familias*. Solange er lebt, unterstehen seine Abkömmlinge seiner *patria potestas*, väterlichen Gewalt, sind also *alieni iuris*: Er konnte die Hauskinder züchtigen[37], in die Sklave-

---

[31] *Albanese*, cit. S. 192 ff.
[32] *Kaser*, Das römische Privatrecht, Bd. 1, 2. Aufl., München 1971, S. 35 f.
[33] *Kaser*, cit. S. 75.
[34] So auch *Spengler*, cit. S. 1021, 1025.
[35] Ein historischer Überblick zur Familie und ihren Rechtsverhältnissen bei *Corbino*, in: Homo, caput, persona – La costruzione giuridica dell'identità nell'esperienza romana, Corbino, Humbert und Negri (Hg.), 2010, S. 175 ff., und *Tafaro*, cit. 41 ff.
[36] *Albanese*, cit. S. 271.
[37] *Albanese*, cit. S. 250.

rei verkaufen[38] und im Extremfall töten[39]. Insbesondere sind die Hauskinder vermögensunfähig: „Wer väterlicher Gewalt untersteht, kann selbst kein Eigentum haben" (*qui in potestate est nihil suum habere potest*)[40]. Erst mit dem Tod des Hausvaters endet dieser Stand der Hauskindschaft und wird jeder Abkömmling *sui iuris* so wie vorher ihr Vater *sui iuris* war. Gezügelt wurden diese rechtlichen Befugnisse nur durch Religion und Sitte[41]. In der Sphäre des öffentlichen Rechts standen allerdings die *filii familias* ihren Vätern gleich, konnten also insbesondere öffentliche Ämter bekleiden[42].

Die ursprüngliche Form der Ehe führt dazu, dass die Ehefrau die Rechtsstellung eines Hauskindes bekam, sie stand *filiae loco*. Diese *manus* genannte Gewalt des Ehemannes ging ähnlich weit wie seine *potestas* über die Kinder. Insbesondere war die solchermaßen verheiratete Frau vermögensunfähig[43]. Einem Gesetz des Romulus zufolge soll es dem Vater möglich gewesen sein, allen Töchtern mit Ausnahme der ältesten die Nahrung zu verweigern[44]. Wurde die Frau *in flagranti* des Ehebruchs überführt, hatte ihr Gewalthaber das Recht, sie zu töten[45]. Generell gilt, was Papinian sagte, dass „in vielen unserer rechtlichen Vorschriften die Stellung der Frauen schlechter als diejenige der Männer ist" (*in multis iuris nostri articulis deterior est condicio feminarum quam masculorum*)[46].

Fällt der *pater familias* weg und sind seine Abkömmlinge unmündig oder geschäftsunfähig, wird an seine Stelle ein Kurator gesetzt, meist der gradnächste Verwandte. Steht eine Frau weder unter der *patria potestas* ihres Vaters, noch unter der *manus* ihres Mannes, so wird ihr ein Tutor bestellt, ohne dessen Zustimmung sie kein wirksames Rechtsgeschäft tätigen kann.

---

[38] *Albanese*, cit. S. 252 ff.
[39] *Albanese*, cit. S. 246 ff.
[40] Gai. 2, 87.
[41] *Albanese*, cit. S. 248 f.
[42] *Albanese*, cit. S. 246 f.
[43] *Albanese*, cit. S. 289 ff.
[44] *Albanese*, cit. S. 351 f.
[45] *Albanese*, cit. S. 352.
[46] D. 1, 5, 9. Hierzu *Albanese*, cit. S. 347 ff. Siehe auch Gai. 2, 113, wo eine Ausnahme geschildert wird, die die Regel bestätigt.

6. Zwischenergebnis

Das ist im kurzen ein Überblick über das *ius personarum* genannte Recht der Stände in der Stadt Rom bis etwa Christi Geburt. Im Zentrum steht der *pater familias*, der über alles in seinem Hause herrscht, selbst mit der extremen Befugnis zur Tötung. Alle Menschen, die nicht diese Stellung haben, sind in mehr oder minder starken Unterordnungsverhältnissen, die im Personenrecht geregelt sind. Bei den Römern ‚hatte' man also eine *persona*, d.h. eine Rolle, man ‚war' aber keine *persona* in unserem Sinn[47]. Diente bei den Römern der Begriff der Person dazu, eine Vielzahl von Standesunterschieden zwischen Menschen festzumachen, dient der Begriff bei uns dazu, alle Menschen gleich zu behandeln: Jeder ist natürliche Person und hat als solcher dieselben Rechte und Pflichten. Wir kennen keine Sklaven, keine Freigelassen, Fremde haben bei uns ohne weiteres alle Menschen- und Grundrechte, teilweise sogar politische Rechte[48]. Die Institution der väterlichen Gewalt und der *manus* über die Frau sowie die Frauenvormundschaft sind uns fremd. Die Funktion des Begriffes Person hat sich also entscheidend geändert: Er dient nicht mehr der rechtlichen Diskriminierung, sondern der Beschreibung des seiner ständischen Fesseln entledigten Menschen, der mit Hilfe des liberalen Rechtsstaates seines Glückes Schmied sein kann[49]. Hinter der Wandlung dieses Begriffs steht eine Wandlung des Rechts und natürlich auch der sozialen Anschauungen. Dieser Wandlungsprozess nun wurde von demselben römischen Recht eingeläutet, das zuvor und noch zeitgleich die rechtliche Diskriminierung mit der schönsten theoretischen Schärfe unter die Kategorie *de iure personarum* gebracht hatte. Wie kam es dazu?

---

[47] *Mantovani*, in: Homo, caput, persona – La costruzione giuridica dell'identità nell'esperienza romana, Corbino, Humbert und Negri (Hg.), 2010, S. 39.
[48] Art. 28 Abs. 1 Satz 2 GG (Kommunalwahlrecht für EU-Ausländer).
[49] Eine ausführliche naturrechtliche Erörterung des Personenbegriffs und seiner Implikationen für die Freiheit des Menschen bei *Messner*, Das Naturrecht, 7. Aufl, 1984, § 13.

III. Die Zersetzung der ständischen Ketten durch die römischen Juristen

Das soeben geschilderte klassische römische Ständesystem wird aber ab dem 1 Jh. n.Chr. mehr und mehr zersetzt. Es setzt sich der Gedanken durch, dass Sklaven nicht nur Sachen sind, sondern eben auch ‚Personen'[50]. Das zeigt sich an vielen Stellen: Da die Sklaven aus Sicht des römischen Rechts keine Rechtssubjekte waren, konnten sie auch keine Ehe eingehen. Ihre Verbindung war rechtlich ohne jede Bedeutung und wurde *contubernium*, d.h. Kameradschaft, genann,. Gleichwohl befleißigten sich die Juristen, Regeln dafür zu entwickeln, dass solche *contubernia* nicht ohne Not aufgelöst werden konnten[51]. Auch wurden die Verwandtschaftsgrade der Sklaven anerkannt (*cognatio servilis*) und hieraus etwa auch Inzestverbote wie bei den Freien abgeleitet[52]. Wie die Freien auch, bestellten Sklavinnen ihren Männern Mitgiften. Was nun, wenn die Sklavin nach Beendigung der Ehe die Mitgift zurückforderte, wie sie das unter römischem Zivilrecht konnte? Die Juristen entschieden, dass dies möglich sei, obwohl die Logik des Systems geboten hätte zu entscheiden: ‚Da Sklaven keine Ehe schließen können, ist es ihnen auch nicht möglich, eine Mitgift im Rechtssinne zu bestellen, daher kann die Sklavin auch nicht mit der Mitgiftklage ihre Mitgift zurückverlangen'[53]. Insbesondere entwickelten die Juristen unter Rückgriff auf kaiserliche Gesetzgebungsakte einen juristischen Leitsatz (*favor libertatis*[54]), nach welchem im Zweifel zugunsten der Freiheit des Sklaven zu entscheiden sei[55].

Die Patronatsgewalt des Freilassers über den Freigelassenen wurde stark eingeschränkt, insbesondere konnte der Patron seine Patronatsrechte verwirken, wenn er sich schwerer Übergriffe gegen den vormaligen Sklaven schuldig gemacht hatte. Auch

---

[50] *Spengler*, cit. S. 1027 f.
[51] *Albanese*, cit. S. 109
[52] *Albanese*, cit. S. 109
[53] Ulp. Dig. 23, 3, 39; Proc. Dig. 23,3,67.
[54] *Albanese*, cit. S. 20 Fn. 7.
[55] Hierzu *Giltaj*, cit. S. 49 f.

Die Personwerdung des Menschen: Anfänge im Römischen Recht 101

wurden die geschuldeten Tagwerke mehr und mehr rechtlich geregelt, was dem Schutz des Freigelassenen diente[56].

Die Fremden wurden zusehends den Stadtrömern gleichgestellt. Das zwischen ihnen und den Römern geltende Recht war das aus dem Naturrecht abgeleitete Völkergemeinrecht (*ius gentium*). In der Sache war dies römisches Recht, von dem die Besonderheiten abgeschliffen waren[57]. Die Rechtspflege zwischen Fremden unter sich und mit Römern wurde durch ein besonders Amt wahrgenommen. Mit der *constitutio Antoniniana de civitate* aus dem Jahre 212 n.Chr. wurde schließlich das Bürgerrecht auf praktisch alle Einwohner des Imperiums ausgedehnt[58]. Der Status des Fremden verlor also seine Schärfe.

Die Institution der *patria potestas* wurde zwar formaliter beibehalten, aber in ihren Konsequenzen drastisch gemildert. Das Recht zur Züchtigung und Tötung war bereits um Christi Geburt außer Übung gekommen. Die Abkömmlinge bekamen ein Recht auf Unterhalt[59] – was eine massive Einschränkung der *patria potestas* bedeutete[60]. Die nominelle Vermögensunfähigkeit wurde dadurch umgangen, dass man den Hauskindern ein Sondervermögen gewährte, das *peculium*, mit dem sie selbständig wirtschaften konnten[61]. Dies hatte zur Folge, dass die männlichen Hauskinder in eigener Person Kontraktsobligationen begründen konnten[62]. Ein solches *peculium* wurde vielfach auch den Sklaven gewährt, damit sie die Geschäfte ihres Herren selbständig führen konnten[63]. Dies ermöglichte etlichen Skla-

---

[56] Hierzu *Masi Doria*, Bona libertorum, 1996, *passim*, und *Waldstein*, Operae libertorum, 1986, *passim*, mit der Rez. von *Rainer*, in SZRom 105 (1988) S. 745 ff., sowie neuerdings *ders.*, in: Homo, caput, persona – La costruzione giuridica dell'identità nell'esperienza romana, Corbino, Humbert und Negri (Hg.), 2010, S. 551 ff.
[57] Die Bedeutung dieses Wandels betont zu Recht *Spenlger*, cit. S. 1025. Zum *ius gentium* jetzt *Sturm*, in Fs. Detlef Liebs, 2011, S. 663 ff.
[58] *Wieacker*, Römische Rechtsgeschichte II, 2006, S. 159 ff.
[59] *Albanese*, cit. S. 260 ff., 268.
[60] *Albanese*, cit. S. 269
[61] *Kaser*, cit. S. 343.
[62] *Albanese*, cit. S. 275 ff.
[63] *Kaser*, cit. 605 ff. Hierzu jetzt *Bürge*, in: Homo, caput, persona – La costruzione giuridica dell'identità nell'esperienza romana, Corbino, Humbert und Negri (Hg.), 2010, S. 377 ff., der, S. 382 ff., Sklaven und Hauskind parallelisiert. Siehe auch *Buchwitz*, in: Homo, caput, persona – La costru-

ven den sozialen Aufstieg, worüber man aber nicht vergessen sollte, dass dies nur eine kleine Minderheit war[64].

Ein solches Sondervermögen gab es in der Oberschicht insbesondere auch für die Frauen in Gestalt der *parapherna*: Normalerweise wurde das Erbteil der Tochter als Mitgift gestiftet und damit der Kontrolle ihres Ehemannes unterworfen. Allmählich wurden jedoch die Mitgiften immer kleiner und das der Frau selbständig zu Verfügung stehende Vermögen, die *parapherna* eben, immer größer[65]. Dadurch wurde die Form der Ehe mit *manus*-Gewalt des Mannes über die Frau ausgehöhlt und durch die der *manus*-freien Ehe abgelöst[66]. Bei dieser war die Frau vermögensfähig und sie konnte sich jederzeit von ihrem Mann trennen mit den Worten *tuas res tibi habito* („Pack deine Sachen!") oder *tuas res tibi agito* („Mach deinen Dreck alleine!")[67].

Die Frauenvormundschaft wurde formaliter beibehalten, aber zugleich massiv in Frage gestellt, das zeigt:

Gaius, Institutionen 1, 190

Feminas vero perfectae aetatis in tutela esse fere nulla pretiosa ratio suasisse videtur: Nam quae vulgo creditur, quin levitate animi plerumque decipiuntur et aequum erat eas tutorum auctoritate regi, magis speciosa videtur quam vera; mulieres enim, quae perfectae aetatis sunt, ipsae sibi negotia tractant, et in quibusdam causis dicis gratia tutor interponit aucto-	Es lassen sich kaum überzeugende Gründe dafür anführen, warum erwachsene Frauen unter Vormundschaft stehen sollen. Denn der gewöhnlich angeführte Grund, dass viele von ihnen aus Schwachheit des Geistes oftmals getäuscht werden, so dass die Billigkeit erheische, sie durch einen Vormund zu leiten, stützt sich mehr auf den Schein als auf

---

zione giuridica dell'identità nell'esperienza romana, Corbino, Humbert und Negri (Hg.), 2010, S. 393 ff., zur Erbeinsetzung von Sklaven durch Dritte und ihren Konsequenzen.

[64] *Finley*, Die Sklaverei in der Antike, 1981, *passim*.
[65] *Stagl*, Favor dotis – Die Privilegierung im System des Römischen Rechts, 2009, S. 222 ff.
[66] *Kaser/Knütel*, Römisches Privatrecht, 19. Aufl. 2008, § 58/9.
[67] Gai. D. 24, 2, 2, 1.

ritatem suam; saepe etiam invitus auctor fieri a praetore cogitur.	die Wahrheit: Erwachsene Frauen führen nämlich ihre Geschäfte [ordentlich] und der Vormund hat keine andere Aufgabe, als ihre Geschäftsführung abzunicken; er muss daher oftmals vom Prätor gegen seinen Willen gezwungen werden, dieses Amt zu übernehmen.

Praktisch behalf man sich damit, einen freigelassenen Sklaven zum Vormund zu bestellen: Kraft der Patronatsrechte seiner Freilasserin musste er tun, was sie wollte und nicht umgekehrt[68].

Wir sehen also eine Zersetzung der im Begriff *ius personarum* zusammengefassten scharfen Standesunterschiede. Diese Zersetzung ist das Werk der Juristen und kaiserlicher Gesetzgebung[69]. Hätten sie dieser Tendenz nicht ihren Segen erteilt, so wäre es bei der alten Ständeordnung geblieben. Die juristischen Mittel hierzu hätten sich leicht finden lassen, da praktisch jede der geschilderten Entwicklungen einen Bruch mit dem überkommenen System bedeutet. Man kann leicht erkennen, wie diese Entwicklungen und die aus ihnen hervorgegangen Texte in unseren heutigen Rechtszustand einmündeten.

IV. Wandel des Begriffs persona

Mit diesem Wandel der Anschauungen ging auch ein Wandel des Begriffs Person einher. Der Begriff meint in der Rechtssprache der Klassik, insbesondere der Nachklassik, nicht mehr nur den Menschen in seinen ständischen Fesseln, sondern ohne seine ständische Fesseln, im Guten wie im Schlechten. Das zeigt sich etwa in einem Text aus den Institutionen aus dem 6. Jahrhundert[70].

---

[68] Cic. Mur. 12, 27.
[69] *Kaser*, cit. 285 f.
[70] Siehe auch: Gai. 1, 120 f.; Gai. 3,189; D. 15, 1, 52pr.; D. 23, 3, 46pr.; D. 31, 82, 2; D. 35, 2, 21, 1; D. 39, 6, 23; D. 45, 3, 1, 4; D. 47,10, 15, 44; D. 50, 16, 215; D. 50, 17, 22 pr.; Inst. 4, 4, 7; Inst. 4, 7 pr.; FV. 82; CT 4, 10, 1; C. 9, 47, 11; C. 7, 16, 35; C. 4, 36, 1 pr.; C. 2, 11, 10.

Justinian, Institutionen 4, 1, 5

| Poena manifesti furti quadrupli est tam ex servi persona quam ex liberi, nec manifesti dupli. | Das Bußgeld für handfesten Diebstahl geht bei einem Sklaven wie bei einem Freien auf das Vierfache, bei nicht-handfestem auf das Zweifache. |

Persona servi, also die Person des Sklaven, soll bedeuten, dass der Sklave, obwohl er Sklave ist, als strafmündig behandelt wird. Nach der alten republikanischen Vorstellung hingegen war der Sklave kein Rechtsgenosse und konnte sich infolgedessen auch nicht strafbar im technischen Sinne machen. Beging er eine unerlaubte Handlung, so hatte sein Herr das Recht, ihn selbst zu züchtigen oder an den Geschädigten auszuliefern[71]. Vor diesem Hintergrund bedeutet es eine Anerkennung des Sklaven als Menschen, als ‚Person', wenn er sich strafbar machen kann – so wie jeder andere auch[72]. Und diese Berechtigung des Sklaven wird mit dem Wort *persona* zum Ausdruck gebracht. In dieser Bedeutung hatte der Begriff *persona* schon außerhalb der juristischen Fachsprache Bedeutung gewonnen[73], es war aber nur möglich, diesen Gebrauch auf die juristische Fachsprache zu übertragen, weil und soweit das Ständesystem innerlich zersetzt war. Eine weitere Voraussetzung für diese Begriffsumwandlung liegt, wie Mantovani jüngst bemerkte, darin, dass der Begriff Person ein Blankett ist, das mit beliebigem Inhalte gefüllt werden kann[74]. Ergebnis dieses Wandels ist die Anerkennung des Sklaven als Person in unserem modernen Sinn[75].

Allgemeiner kommt derselbe Tatbestand ganz am Ende der klassischen Ära der römischen Jurisprudenz (Ende des 3. Jh. n. Ch.) zum Ausdruck, wenn der Jurist Hermogenian die Summe aus den Werken seiner Vorgänger ziehend sagt:

---

[71] *Robinson*, The criminal Law of ancient Rome, 1995, S. 15, und jetzt zur Entwicklung *Giltaij*, cit. S. 104 ff.
[72] Ebenso *Giltaij*, cit. 139 ff., 183 f.
[73] *Georges* cit. s.v. persona II. Ein Beispiel ist etwa Seneca *epist.* 94, 1.
[74] *Mantovani*, cit. S. 38.
[75] Im Ergebnis ebenso *Albanese*, cit. S. 108 f., und *Tafaro*, cit. 14 ff. 22, 65.

Digesten 1, 5, 2

Cum igitur hominum causa omne ius constitutum sit, primo de personarum statu [...] dicemus.	Weil daher alles Recht um der Menschen willen geschaffen wurde, handeln wir zuerst von den Personen.

Damit ist es erneut geboten, auf die Frage einzugehen, welche Funktionen der Begriff Person in der Rechtssprache hat. Schloßmann meinte in einer Untersuchung zu Beginn des 20. Jahrhunderts: gar keine, weil der Begriff Person mit dem des Menschen identisch sei[76]. Doch gerade diese Identität zu gewährleisten, ist, das können wir nunmehr sagen, die wahre Funktion des Begriffs „Person", wie dies § 16 des ABGB unmissverständlich zeigt. Der Begriff der Person schreibt dem Menschen – ohne dass es noch einer besonderen Garantie bedürfte – Menschenwürde zu und schließt damit ein schroffes Ständesystem wie das der römischen Republik aus. Diese Funktion hätte der Begriff der Person aber nicht erfüllen können, wenn er nicht von den römischen Juristen umgedeutet worden wäre. Damit kommen wir zu der Frage, was hinter dieser Umdeutung stand.

IV. Der Agent des Wandels: das römische Naturrecht

Das theoretische Potential, die im *ius personarum* gezimmerten Ständeunterschiede zu überwinden, hatte nicht das römische Zivilrecht selbst, sondern eine besondere Kategorie des Rechts, welche die Griechen herausgearbeitet und die Römer vervollkommnet haben: das Naturrecht[77]. In den Institutionen findet sich eine knappe Bestimmung:

---

[76] *Schloßmann*, Persona und Προσωπον im Recht und im christlichen Dogma, 1906, S. 1 ff., polemisiert angesichts dessen sehr heftig gegen den Wert dieses Begriffs für die Rechtswissenschaft.

[77] Hierzu *Waldstein*, Entscheidungsgrundlagen römischer Juristen, in Aufstieg und Niedergang der römischen Welt XV, Berlin-New York 1976, 3, 89 ff., *ders.*, Ins Herz geschrieben, 2010, S. 31 ff., 38 ff., und der Forschungsband Testi e problemi del giusnaturalismo romano, *Schiavone* u. *Mantovani* (Hg.) Pavia 2007.

Justinian, Institutionen 1, 2 pr.

Ius naturale est quod natura omnia animalia docuit... hinc descendit maris atque feminae coniugatio, quam nos matrimonium appellamus, hinc liberorum procreatio et educatio...	Naturrecht ist die allen Lebewesen gegebene Ordnung... Hieraus leitet sich die Vereinigung von Mann und Frau ab, welche wir Ehe nennen, so wie die Zeugung und Erziehung des Nachwuchses...

Seinem Selbstverständnis nach ist das Naturrecht ein Corpus von unwandelbaren Rechtssätzen, die unabhängig von staatlicher Setzung gelten und im wesentlichen die Essentialia eines gedeihlichen Zusammenlebens der Menschen regeln. Vorgegeben und dem Wandel nicht unterworfen sind diese Rechtssätze natürlich und nicht von Menschen gemacht, so wie die Schöpfung auch. Die Römer verwandten das Naturrecht teilweise zur Begründung von Rechtssätzen und ganzen Rechtsgebieten, aber auch als ein Reservoir von menschenfreundlichem Gedankengut, auf welches sie dann zurückgriffen, wenn sie mit ihrem herkömmlichen Recht in eine Aporie gerieten[78]. Aus Naturrecht leiteten die Römer das Postulat der Freiheit und Gleichheit aller Menschen ab:

Florentinus, Digesten 1, 5, 4,1

Servitus est est constitutio iuris gentium, qua quis dominio alieno contra naturam subicitur.	Die Sklaverei ist eine Einrichtung des Völkergemeinrechts, kraft welcher ein Mensch der Herrschaft eines anderen gegen die Natur unterworfen wird.

Ulpian, Digesten 50, 17, 32

Quod attinet ad ius civile, servi pro nullius habentur: non tamen et iure naturali, quia, quod ad ius naturalem attinet, omnes homines aequales sunt	Was das Recht der Stadt Rom angeht, sind die Sklaven als ein Nichts anzusehen, das gilt aber nicht für das Naturrecht, denn was das Naturrecht angeht, sind alle Menschen gleich.

---

[78] *Stagl*, cit. S. 98 f.

Die Personwerdung des Menschen: Anfänge im Römischen Recht 107

Als weitere Konsequenz dieses Denkens wird man es bezeichnen können, wenn die Römer über das *ius gentium* ein allen Völkern gemeinsames Recht statuierten bzw. über die *constitutio Antoniniana* allen freien Einwohnern des römischen Reiches das Bürgerrecht verliehen[79]. Wie konnte man dann aber, wenn man solche Sätze geschrieben hatte, die Sklaverei überhaupt noch rechtfertigen? Blicken wir auf eine Stellungnahme hierzu unmittelbar zu Beginn der justinianischen Kodifikation:

Justinian, Institutionen 1, 2, 2

Ius autem gentium omni humano generi commune est. nam usu exigente et humanis necessitatibus gentes humanae quaedam sibi constituerunt: bella etenim orta sunt et captivitates secutae et servitutes, quae sunt iuri naturali contrariae (iure enim naturali ab initio omnes homines liberi nascebantur)...	Das Völkergemeinrecht ist allen Menschen gemeinsam. Die Völker haben es sich aus Notwendigkeit und wegen der Bedürfnisse der Menschen gegeben. Es brachen nämlichen Kriege aus und zogen Gefangenschaft und Sklaverei nach sich. Dies ist aber gegen das Naturrecht, werden doch nach dem Naturrecht alle Menschen als von Beginn an frei geboren.

Die Römer stützten sich gegen das Naturrecht auf Nützlichkeitserwägungen. Das aber ist keine oder nur eine sehr schwache Begründung. Das überkommene Recht hatte den naturrechtlichen Grundforderungen nach Freiheit und Gleichheit nichts anderes mehr entgegenzusetzen. Und es war eine Illusion zu glauben, dass die beiden Systeme der Legitimation sozialer Entscheidungen – das Recht der Stadt Rom und das Naturrecht – beziehungslos nebeneinander her existieren und voreinander höflich den Hut ziehen könnten wie zwei Nachbarn, die sich auf der Straße begegnen. Es war abzusehen, dass das Naturrecht über kurz oder lang den Vorrang haben würde[80].

---

[79] Als Beleg für das Naturrecht etwa Gai. 1, 1, Hierzu und zur *constitutio* jetzt die Ausführungen von *Giltaij*, cit. S. 131 ff.

[80] Eine eigene Geschichte ist dabei das Verhältnis der Kirchenväter zur Sklaverei: Diese wurde als gerechte Strafe für die Sünde angesehen; etwa *Augustinus*, De civ. Dei 19, 5. Ausführlich *Klein*, Die Sklaverei in der Sicht der Bischöfe Ambrosius und Augustinus, 1988, S. 87 ff., 94, 105.

Hinter der Zersetzung der römischen Standesrollen und der damit einhergehenden Umwertung des Begriffs *persona* steht das römische Naturrecht: seinen Grundgedanken nach sind nämlich die ständischen Unterschiede in der Schärfe wie sie das alte Recht vorsah nicht zu legitimieren. Das Naturrecht delegitimierte also das römische Ständesystem und schuf damit die entscheidende Voraussetzung für seine Zersetzung[81].

V. Schluss

Es ging uns darum zu zeigen, wie der Begriff der Person zunächst dazu diente, den Menschen zu entrechten und dann dazu, ihn mit Rechten auszustatten. Verantwortlich für diese Umwertung und die damit einhergehende Begriffsumwandlung waren die vom Naturrecht inspirierten Juristen[82]. Dabei reicht dieses Verdienst der römischen Juristen bis in unsere Zeit, hatten doch die von ihnen geschriebenen Texte eine unabsehbare Wirkung auf die abendländischen Geschichte[83]. Die hier mehrfach zitierten Institutionen gehören neben der Bibel zu den meistgelesenen Büchern des Abendlandes[84]. Über 1500 Jahre lang begann jeder Student der Rechte sein Studium mit ihrer Lektüre. Die geschilderte Entwicklung der Auffassung über den Sklaven vom Großvieh zum Rechtssubjekt war die Voraussetzung dafür, dass der Begriff Person im Sinne eines vernunftbegabten Individuums Eingang zunächst in die Philosophie und dann in die Theologie finden konnte[85]. Die berühmte Definition der Person durch Boethius (ca. 480-525) *naturae rationalis individua substantia*[86] („individuelle Substanz mit einer rationalen Natur") wäre ohne diesen Begriffswandel undenkbar gewesen. Diese Begriffsbestimmung trifft nämlich auf den Menschen als solchen zu und

---

[81] Mit vielen Nachweisen *Tafaro*, cit. 142 ff., 150 ff., 170 ff., 181 ff.
[82] So auch *Spengler*, cit. S. 1028 ff.
[83] *Wieacker*, cit. II 88.
[84] *Behrends/Knütel/Kupisch/Seiler*, Corpus Iuris Civilis, Bd. 1, 2. Aufl. 1997, S. 289: über 600 Auflagen bis 1900!
[85] *Mantovani*, cit. S. 40, meint, diese Umwertung sei erst das Werk des Christentums gewesen.
[86] *Boethius*, Contra Eutychen et Nestorium 3.

fragt nicht nach seiner sozialen Rolle. Welche Bedeutung der Begriff der Person für die Theologie und die Philosophie hat[87], das müssen andere beurteilen; wir konnten indes zeigen, woher diese Wissenschaften den Begriff haben: Er ist eine Frucht der – im Ergebnis „revolutionären" (Spengler) – Wühlarbeit naturrechtlich inspirierter Juristen der Kaiserzeit[88], die mit einer gewissen anarchischen Lust die Axt an den Baum legten, auf dem sie zusammen mit dem Rest der römischen ‚Bürger' saßen. Und diese Juristen waren nicht irgendwer, sondern hatten die höchsten Ämter im Staate. Dennoch waren diese Juristen keine fröhlichen Zyniker. Dazu war ihr Geschäft zu ernst. Vielmehr waren sie inspiriert von einem tiefen Glauben an die Richtigkeit ihrer Überzeugungen. Ob hierbei das frühe Christentum im Spiel war, ist eine andere Frage[89].

---

[87] Hierzu *Moreschini*, in: Homo, caput, persona – La costruzione giuridica dell'identità nell'esperienza romana, Corbino, Humbert und Negri (Hg.), 2010, 91 ff.
[88] Siehe auch *Spengler*, cit. S. 1029 f.
[89] Hierzu *Biondi*, Il diritto romano cristiano Bd. 1, 1952, S. 98 ff., 117 ff.

Hanna-Barbara Gerl-Falkovitz

Fließende Identität? Ein Blick auf Gender

„Angekommen im neuen Jahrtausend geht es nicht mehr um den Dualismus des Geistes von der Natur, von seiner eigenen Leiblichkeit und körperlichen Bedingtheit, sondern dieses Gegensatzpaar ist aufgelöst, der Körper selbst steht zur Disposition. Der postmoderne Verlust der Grenzen zwischen innen und außen, belebt und unbelebt, männlich und weiblich, Geist und Körper kulminiert im Verlust der Grenze zwischen Körperrepräsentation und Körperwirklichkeit. Die Lust am Fragmentarischen, Heterogenen zerstörte zwar die Zwangsjacke der Moderne, aber öffnete zugleich das Tor zu einer nihilistischen Desintegration. Menschliche Körper fungieren als bloße Kunstobjekte [...], sie bilden lebendige Skulpturen, ein bewegliches Ereignisfeld oder sind überhaupt nur noch ‚undifferenziertes Fleisch'."[1] Wie kommt es zu solchen Thesen?

1. Gender: Genese eines Begriffs aus der leibfernen Philosophie der Neuzeit

In der bisherigen Entwicklung der Feminismen gab es zwei hauptsächliche Richtungen: 1. „Frau muß Mann werden, um Mensch zu sein", so die Kurzthese des Egalitätsfeminismus (Simone de Beauvoir, 1949 „Le deuxième sexe"), 2. „Frau soll Frau werden, um Mensch zu sein", so die Kurzthese des Differenzfeminismus vor allem in der Generation nach Beauvoir (Luce Irigaray). In diesen Richtungsstreit hat sich eine neue Theorie eingeschaltet, die postfeministische Aufhebung von Frausein: Es gebe gar kein biologisches Geschlecht (*sex*), nur noch ein sozial und kulturell zugeschriebenes Geschlecht (*gender*). Diese Theo-

---

[1] *P.J. Sampson*, Die Repräsentationen des Körpers, in: Kunstforum International, Bd. 132. Die Zukunft des Körpers I, Ruppichteroth 1996, 94 - 111, hier: 101.

rie ist radikal „dekonstruktivistisch", d. h. sie löst alle gewohnten Sichtweisen über Frau und Mann als ideologisch auf und entwirft eher spielerisch und unverbindlich neue Deutungen.

Was den schon „klassisch" gewordenen Entwurf von Beauvoir angeht, so ist er durch Regula Giuliani als „der übergangene Leib" charakterisiert: „Der Leib wird [...] zu einem trägen, der Materie verhafteten Körper, er wird zum bloßen Instrument und Werkzeug, das der Realisierung geistiger Entwürfe besser (mit männlichem Leib) oder weniger gut (mit weiblichem Leib) dienlich ist."[2] Solcherart Leibferne ist nicht allein in der (männlich dominierten) Philosophiegeschichte, sondern bis zu zeitgenössischen Positionen des Dekonstruktivismus und philosophischen Feminismus auszumachen, die dem Denktypus der Postmoderne beizuordnen sind. Die Themenliste der Philosophie enthielt kaum das Thema Leib/Geschlechtlichkeit, was sich zeigt in der randständigen Bedeutung, die dem Leib philosophisch zugewiesen wurde. Diese historische Linie kann bis in die Gegenwart verfolgt werden als Aussparung, Unterordnung oder Reduktion des Leibes, wofür das neuzeitliche Körper-Paradigma von René Descartes (1596-1650) steht, der den tierischen Körper bzw. Tiere überhaupt als Maschinen verstand.

2. Die postfeministische sex-gender-Debatte

Schon Sigmund Freud hatte die Differenz der Geschlechter bezweifelt: Wer den Schleier des Weiblichen lüfte, treffe auf das Nichts (des Unterschieds). Nach Simone de Beauvoir sind nur noch *strukturelle* Fragen zugelassen: *Wie wird* man eine Frau?, aber keine *Wesensfragen* mehr: *Was ist* eine Frau? Seit den 90er Jahren ist im Rahmen der feministischen Dekonstruktion neu, dass auch Sexualität nicht mehr gegeben, sondern konstruiert sei. Zum erstenmal sind damit auch biologische Vorgaben als nicht definitiv angesehen und dem Rollenspiel unterstellt. Ontologie, auf der die klassische Geschlechteranthropologie fußt, sei selbst nur ein Konstrukt versteckter „phallogozentrischer" Macht.

---

[2] R. *Giuliani*, Der übergangene Leib, in: Phänomenologische Forschungen NF 2, 1997, 110.

2.1 Judith Butler: Geschlecht ist semantisch konstruiert

Als Wortführerin dieser Theorie kann Judith Butler[3], Professorin für Rhetorik in Berkeley, gelten. Sie sieht einen Widerspruch in der bisherigen feministischen Argumentation: einerseits sei das Geschlecht ein Ergebnis sozialer Determination (und somit durch kritischen Diskurs auflöslich), andererseits aber biologisch unhintergehbar determiniert (und somit unauflöslich). Der Widerspruch sei jedoch zu beheben: Es gebe überhaupt keinen „natürlichen" Körper als solchen, der „vor" der Sprache und Deutung der Kulturen liege. Körperliche Geschlechtsunterschiede seien allesamt sprachlich bearbeitet; radikalisiert bedeute es, dass der Unterschied zwischen sex und gender pure Interpretation sei. Schlicht ausgedrückt: Auch „Biologie" sei Kultur. Um emanzipatorisch weiterzukommen, sei daher ein subjektives und offen pluralistisches Geschlecht zu „inszenieren".

Butlers Ansatz ist *erkenntnistheoretisch*: Alles Wirkliche muss durch Erkennen/Sprechen vermittelt sein, auch der (eigene) Körper. Normativität könne niemals aus der Natur, immer nur aus Kultur stammen; die Rede von Mann und Frau im Blick auf den Körper sei in ihrer verborgenen, durchwegs unbewussten Normativität aufzudecken. Erst der Imperativ der heterosexuellen Norm führe zu einer binären Geschlechtswahrnehmung: Allein diese sei erlaubt und sinnvoll – und werde daher als einzige eingeblendet. Andere geschlechtliche Möglichkeiten gerieten damit von vornherein aus dem Blick. Wenn diese Konstruktion – Geschlecht als Folge einer latenten, nicht begründeten Norm – durchschaut sei, verfalle damit auch die Auffassung von einem „anderen" Geschlecht.[4]

Butlers Radikal-Konstruktivismus unterläuft der Absicht nach den Sex-Gender-Dualismus, indem Erkennen, Sprache und Symbolik einfach auf den Körper geschrieben werden, und zwar eher vom Individuum, weniger von einer gemeinsamen Kultur ausgehend (genauer: Kultur soll über Individuen verändert werden). Die Faktizität des Körpers gilt als leer, als *tabu-*

---

[3] *J. Butler*, Das Unbehagen der Geschlechter, Frankfurt 1991.
[4] Vgl. *J. Butler*, Körper von Gewicht. Die diskursiven Grenzen des Geschlechts, Frankfurt 1997.

la rasa je meines Entwurfes; insofern kann (soll?) er mehrfach und immer wieder überschrieben werden. Fließende Identität hat auch das (aufklärerische) Denken von Subjekt als oktroyierte Norm aufzudecken. Dieser Vorschlag geht folgerichtig an die Grenzen der Sprache, sofern sie unterschwellige Normen oder eben binäre geschlechtliche Zuweisungen tradiert. Tatsächlich ist die Umformung von Sprache ebenfalls ein politisches Ziel dieser Art von Konstruktivismus.[5] Auch Grammatik wird aufgebrochen: In englisch-sprachigen Ländern, vor allem in USA und Australien, wird anstelle von he/she oder her/his tendenziell das „gender-neutrale" they oder their im Sinne eines Singulars (!) propagiert, auch wenn es grammatisch mißverständlich wird. („This person carries their bag under their arm.") In Spanien ist es unter der sozialistischen Regierung bereits Gesetz, anstelle von Vater und Mutter in den Geburtsurkunden nur noch „Progenitor A" und „Progenitor B" einzutragen, um Geschlechtsangaben zu vermeiden. Dass es damit sprachlich nur noch „Erzeuger", nicht aber mehr „Gebärende" gibt, ist offensichtlich gegen eine sperrige Sprache, die noch prämodernen Mustern verhaftet bleibt, in Kauf zu nehmen.

2.2 Verschwinden des Leibes im neutralen Körper

Butler lässt eine tief problematische Ausblendung, fast überscharf, erkennen. Ihr „Linguizismus"[6] verstärkt sogar den Sex-Gender-Dualismus, den er aufzulösen beabsichtigt: Sie versteht den Körper als un-wirkliches, un-soziales, passives Objekt, nicht mehr als Subjekt des Diskurses: Er spricht nicht mehr mit, macht selbst keine Aussage mehr über sich. Dieses Verstummen oder Sich-willenlos-Überschreiben-Lassen weist auf ein entschieden dominantes Verhalten zum Körper hin: Keinesfalls ist er mehr „Leib" mit eigener „Sprachlichkeit", zum Beispiel in seiner unterschiedlichen Generativität von Zeugen und Empfangen/Ge-

---

[5] Vgl. *A. Pauwels*, Gender Inclusive Language: Gender-Aspekte der Globalisierung der englischen Sprache, Vortrag an der HU Berlin, 16. April 2004.
[6] S. Stoller/V. Vasterling/L. Fisher (Hg.), Feministische Phänomenologie und Hermeneutik, Würzburg 2005, 91.

bären oder in seiner unterschiedlichen leibhaften Erotik von Eindringen und Annehmen/Sich-Nehmen-Lassen. Zum „Ding" reduziert, bleibt er gleichgültig gegenüber dem willentlich Verfügten. Aus Leib mit der Wortwurzel lb- (wie in „Leben" und „Liebe") wird endgültig Körper (*corpus* in der Nähe von *corpse*). Seine Symbolik wird nicht fruchtbar, die phänomenale Selbstaussage kastriert.[7]

Die radikal dekonstruktivistische Gender-Theorie steht dem Gedanken einer Gegebenheit des Geschlechts deswegen abweisend gegenüber, weil darin ein rascher Schritt vom Sein zum Sollen vermutet wird. Dieses Tabu wäre aber mittlerweile umgekehrt zu befragen: Statt des „biologistischen Fehlschlusses" herrscht hier ein „normativistischer Fehlschluß": Normen werden einfach – je nach Situation, je nach Individuum – als willkürlich gesetzt verstanden und daher aufgehoben, ohne je einen sachlichen Bezug vorauszusetzen. Das Ich kennt keine Fleischwerdung. So gesehen liefert Butler eine erneute Variante der extremen Bewusstseinsphilosophie mit ihrer hartnäckigen Körper-Geist-Spaltung (die eigentlich als „phallogozentrisch" angegriffen wird). Der Vorwurf maskulinistischer Subjektzentriertheit mit Fixierung des Objekts ist solcherart geradewegs umzudrehen. Butlers Epistemologie schaltet Ontologie einfachhin aus. Von woher der Wunsch zur Überschreibung (genauer: Beschriftung) des Körpers genommen wird, bleibt unklar – gibt es nicht wenigstens vage reale Vorgaben für diesen Wunsch? Wenn schon Text: Ist der Leib nicht wenigstens ein „Palimpsest", will sagen ein Dokument, dessen Erst-Beschriftung, obwohl ausradiert, hie und da wieder durchschimmert? Die Dekonstruktion des Leibes gerinnt zur Geste des Imperators, der in fremdes unkultiviertes Gebiet eindringt und es besetzt – obwohl er dies doch selbst „ist". Widerstandslos, ja nichtig bietet sich der Leib als „vorgeschlechtlicher Körper" an.

---

[7] Vgl. *H.-B. Gerl-Falkovitz*, Zwischen Somatismus und Leibferne. Zur Kritik der Gender-Forschung, in: IKZ Communio 3 (2001), 225 – 237, wo auch Edith Steins Phänomenologie der Leiblichkeit herangezogen wird.

2.3 Fließende Identität als Kunstwerk und politischer Hebel

Die Sprengwirkung solcher Vorstellungen ist beträchtlich. Der offene Körperbegriff oder auch die „fließende Identität" sind mittlerweile z. B. in der Bildenden Kunst bereits benutzt. In der Ankündigung einer Ausstellung war vom „irritierenden Spiel mit den vertrauten Geschlechterkategorien und Sexualitätsdispositiven" die Rede. „Der Körper wird inszeniert, um überhaupt definiert zu werden, und überschreitet damit die Grenze zum Artifiziellen."[8] Die Französin Orlan (ein Pseudonym) hat in einer Computer-Überblendung berühmter Frauen ein ideales Selbstporträt entwickelt, auf das hin sie sich, über Video dokumentiert, chirurgisch verändern lässt. „Indem ich eine andere werden möchte, werde ich ich selbst." Anders: „My body is my art". Solche Utopien der fließenden Identität im Sinne des totalen Selbstentwurfes setzen sich zunehmend durch. „Ich" und „mein Leib" sind angeblich virtuelle Größen. Auch der Popstar Michael Jackson hatte sich mit Hilfe mehrerer Operationen ein transsexuelles Gesicht beschafft. Dazu passt der Witz: Ein Kind wird geboren; endlich erreicht die Oma den Vater am Telefon mit der Frage: Ist es denn ein Bub oder ein Mädchen?" Darauf er stolz: „Das lassen wir es später selber mal entscheiden."

Ähnlich arbeitet die Romanistin Barbara Vinken die Mode als Feld für „Travestie und Transvestie" heraus. Natürlich gerät auch das männliche Geschlecht in Konstrukt-Zwänge oder Konstrukt-Freiheiten. So sind die Stereotypen der Männlichkeit bereits durch die Antitypen in Auflösung begriffen oder in der androgyn-multiplen Körperlichkeit der Techno-, Pop- und Cyber-Kultur erschüttert. Der Schritt zu dem bereits um 1900 aufgetauchten Schlagwort vom „Dritten Geschlecht" liegt nahe. Längst sind auch Schaufensterpuppen im „gender nauting", Navigieren zwischen den Geschlechtern, gestaltet; der Typ „Zaldy" hat hohe männliche Wangenknochen und einen sinnlichen weiblichen Mund.

---

[8] C. *Gürtler*, Pickel, Narben, Spitzendeckchen, in: Basler Zeitung, 14.10.1996, 34.

Die „neue Weiblichkeit" polarisiert sich nicht mehr gegenüber der „Männlichkeit", sondern unterläuft den Gegensatz „männlich" und „weiblich". Konkret ist gemeint, dass ein Ausschöpfen *aller* sexuellen Möglichkeiten, insbesondere des Lesbentums, von den bisherigen Konstruktionen freisetzen könne. Die eigentliche Stütze der Geschlechter-Hierarchie sei die „Zwangsheterosexualität" - ein „bloßer Machtdiskurs" (Monique Wittig). Auch Transvestismus sowie die Geschlechtsumwandlung, psychisch wie physisch, werden denkbar und sogar wünschbar. Tatsächlich wird Geschlechtsleben „inszeniert", das Ich trägt die jeweilige geschlechtliche Maske - mit der Konsequenz, dass „diese Maske gar kein Ich verbirgt"[9].

Nicht weniger exotisch als die „fließende Identität" wirkt die postmodern-feministische Folgerung, den Begriff des Körpers, durch den Begriff des „Cyborg" = „Cyber Organismus" abzulösen.[10] Die amerikanische Feministin Donna Haraway propagiert deswegen eine neue Denkweise, „in der die Begriffe von Körper und Subjekt einer neuen Terminologie weichen, bei der man von ständigen *Prozessen* ausgeht, in denen Informationsströme und Kodes sich kreuzen und immer neue, vorübergehende Bedeutungen entstehen. Körper *und* Geist werden nicht mehr als ontologisch begründete Entitäten aufgefaßt."[11] So beschreibt Biologie nicht mehr einen identischen Körper, sondern sei ein Diskurs *über* den Körper.

Zu konstatieren sind also mannigfaltige, auch künstlerische Ansätze zur Auflösung und Neuinstallation des Körpers im Sinne einer fortlaufend zu inszenierenden Identität, die sowohl die bisherige angebliche Starre des Körperbegriffs als auch seine Abgrenzung von der Maschine aufheben - zumindest fiktiv in spielerischer Virtualität, teils bereits real mit Hilfe operativer Veränderung. Der Mensch als seine eigene Software mit der entsprechenden Verpflichtung zur (Dauer-)Transformation

---

[9] *S. Benhabib*, Feminismus und Postmoderne. Ein prekäres Bündnis, in: S. Benhabib/J. Butler/D. Cornell/N. Frazer, Der Streit um Differenz. Feminismus und Postmoderne in der Gegenwart, Frankfurt 1993, 15.

[10] *D. Haraway*, Woman, Simian and Cyborgs. The Reinvention of Nature, London 1991.

[11] *L. van der Scheer*, „Menschlicher Körper?" im Werk von Donna Haraway. Referat bei der Robert-Bosch-Stiftung in Stuttgart, 4.-6. Mai 1995, 4ff.

– dies kennzeichnet eine Zerstörung, zumindest die Vernachlässigung eines umfassenden Leibbegriffs.

Konkret bedeutet dies eine neue Praxis und Gegennormierung: Homosexualität, möglicherweise sogar inzestuöse Verbindungen (so Butler) werden als *politisches* Mittel vorgeschlagen, um als Ziel den Staat und die Gesetzgebung zu einer Abschaffung bisheriger Normierungen zu zwingen und die individuelle Wahl variabler Geschlechtsbetätigung außerhalb irgendwelcher Normen zu ermöglichen. Staat und Recht werden in Bezug auf Geschlecht unnötig; Staat wird in Individuen atomisiert, deren Geschlechtsbezeichnung als (vorläufige) Geschlechtsorientierung nicht mehr abgefragt werden darf.[12] Um so merkwürdiger ist, dass seit der Weltfrauenkonferenz in Peking (1995) *gender mainstreaming* als Mittel der Frauen*politik* grundsätzlich überall durchgesetzt werden soll. Ob es sich dabei um eine Soft-Version handelt?

3. Kritik der radikal dekonstruktivistischen Gender-Theorie

3.1 Abwertung des (weiblichen) Leibes

Im Gesagten zeigen sich erhebliche Aussparungen des Gesamtphänomens „Leib". Gerade das begrifflich scharfe Lesen der durchwegs komplizierten Autorinnen ist zugleich Ansatz für eine treffende Kritik. Beispiele liefern die Körper-Theorien von Simone de Beauvoir, Judith Butler und Donna Haraway, deren letztlich unterschwellige Widersprüche bei genauer Betrachtung aufscheinen. Bei allen dreien kommt es (ungewollt? jedenfalls unausgesprochen) zu einer Abwertung des weiblichen Leibes, sei es in seiner Vermännlichung (Maskulinisierung) bei Beauvoir, seiner Entwirklichung (Deontologisierung) bei Butler oder seiner entgrenzenden Technisierung (Denaturalisierung) bei Haraway.

---

[12] Tatsächlich hatte die PDS 2001 in den Deutschen Bundestag den Antrag eingebracht, Geschlechtsbezeichnungen als diskriminierend aus dem Personalausweis zu tilgen.

Allerdings ist zu beobachten, dass auch innerhalb der feministischen Diskussion die These bloß konstruierter Leiblichkeit nicht einfach geteilt wird. So hat Lyndal Roper entwickelt, der Leib (weiblich oder männlich) sei keineswegs nur diskursiv und sozial erstellt, sondern durch physische Kennzeichen bestimmt.[13]

3.2 Verlust der Personalität

Sofern Wirklichkeit nur über Rollenspiel - gleichgültig ob dekonstruiertes oder neu konstruiertes - erklärt wird, verlieren sich gültige Aussagen über Identität. Sofern auch der Körper nur Spielplatz beliebig wechselnder Bedeutungen sein soll, bedürfte es jeweils erst der Verhandlungen, in welchem Sprachspiel „der Körper" zu behandeln sei. Auch wechselnde Eigenschaften bedürfen eines Trägers. Gegenüber dem variablen „Rollenspiel" und der Auflösung des Ich in ein „Produkt männlicher Aufklärung" ist der Begriff der Person neu und vertieft ins Auge zu fassen. Er unterfängt die Geschlechtsdifferenzen, ohne sie aufzuheben: durch die gemeinsame Personalität.[14]

Was die Umwandlung des Geschlechtes (psychisch oder physisch) in ein anderes Geschlecht betrifft, so ist dem entgegen zu halten, dass - abgesehen von organischen Mißbildungen oder Zwitterbildungen - jede Person auch in ihrer „Hälftigkeit", die das Geschlecht ausmacht, dennoch ein Ganzes ist. Die Person in ihrer geschlechtlichen und sonstigen Differenzierung stellt nicht nur einen schmalen Ausschnitt aus dem Ganzen an möglicher menschlicher Erfahrung vor, sondern in dieser ihrer Begrenztheit ist sie zur Wahrnehmung des Ganzen befähigt. Das ist der Grund, weswegen auch Jungfräulichkeit nicht als Mangel, sondern als Erfüllung gelebt werden kann.

---

[13] *L. Roper*, Ödipus und der Teufel. Körper und Psyche in der Frühen Neuzeit, Frankfurt 1995.
[14] Vgl. *R. Spaemann*, Personen. Versuche über den Unterschied zwischen 'etwas' und 'jemand', Stuttgart 1996.

3.3 „Gezeugt und nicht gemacht"

Unabweisbar ist ein weitergehendes Nachdenken über „Wirklichkeit" als „gegeben" und nicht bloß „(selbst)gemacht". Leib als *datum* muss nicht erst ein *factum* werden, um annehmbar zu sein. Solche Fragen betreffen bereits die Alltagskultur (siehe die synthetische Kunstfigur Michael Jackson). Ist der „weibliche Eunuch"[15] das Modell der Zukunft?

Die heutige radikal dekonstruktivistische Gender-Theorie steht dem Gedanken von Gabe/*datum* ausgesprochen skeptisch gegenüber, zumal darin ein rascher Schritt vom Sein zum Sollen vermutet wird. Auch dieses Tabu wäre mittlerweile zu befragen: Statt des „biologistischen Fehlschlusses" herrscht heute ein „normativistischer Fehlschluss": Normen werden einfach – je nach „Bedürfnis" – gesetzt und wieder aufgehoben, ohne den Bezug auf das zu lösende Problem zu vertiefen.

Man könnte auch einwenden, dass die Suppe so heiß nicht gegessen wird: Sind nicht unter dem Stichwort Gender, verstanden als „Geschlechtergerechtigkeit", heute im politischen Raum viele Maßnahmen für Jungen und Mädchen, Männer und Frauen sinnvoll einzufordern? Das ist richtig. Vielleicht wird der Alltag die beschriebene Ideologie glätten und entschärfen. Auch viele kirchliche Frauenverbände haben gender auf ihrer Agenda. In der Regel ist ihnen dabei der harte Kern des Begriffs nicht bewusst oder sie glauben, ihn einfach praktisch nutzen zu können. Wenn dies – im Gegenzug gegen die Leibferne von gender – gelingt, sollte einen das freuen. Aber dazu bedarf es einer Offensive: mit Hilfe eines christlich gestützten Leibverständnisses. „Ich habe einen Körper, aber ich bin mein Leib"[16], lautet ein berühmter Satz von Helmuth Plessner. Die Annahme des eigenen „gegebenen" Geschlechts und seine „Anverwandlung" in Leib, Liebe, Leben ist viel dringender als seine virtuelle Veränderung in einem Niemandsland. Anstelle von „fließender Identität" ist ganz umgekehrt Mannsein, Frausein die „Urgabe".

---

[15] *G. Greer*, Der weibliche Eunuch, Hamburg 1980.
[16] *H. Plessner*, Die Stufen des Organischen und der Mensch. Einleitung in die philosophische Anthropologie (1928), in: ders., Gesammelte Schriften, hg. v. G. Duc et al., Frankfurt/Main 2003.

Nur der wirkliche Leib schließt das Abenteuer der Liebe zum anderen Geschlecht (nicht zur Wiederholung im selben!) und das Abenteuer von Kindern ein.

Der Gedanke der Selbstgestaltung des Menschen ist an sich gesehen weder sachlich falsch noch moralisch böse. Anthropologie kommt nicht umhin, den Menschen als spannungsreiche Wirklichkeit zu beschreiben, das heißt als zwischen Polen „ausgespannt": dem Pol einer gegebenen Ausstattung der „Natur" und dem Gegenpol der Veränderung: einem Werden, einem Futur, der „Kultur". „Werde, der du bist", formuliert der orphische Spruch, aber was so einfach klingt, ist das Abenteuer eines ganzen Lebens. Abenteuer, weil es weder eine „gusseiserne" Natur noch eine beliebige „Kultur" gibt, sondern *datum* und *factum* in lebendiger Beziehung stehen: zwischen Grenze der Gestalt (positiv: dem „Glück der Gestalt") und Freiheit (positiv: „dem Glück des Neuwerdens").

Wir sind nicht distanzlos eins mit der Geschlechtlichkeit, sondern von ihr distanziert: In ihr tut sich ein Freiraum für Glücken und Misslingen auf, auf dem Boden der unausweichlichen Spannung von Trieb (naturhafter Notwendigkeit) und Selbst (dem Freimut der Selbstbildung). Daher ist das zwiefache Geschlecht einer kulturellen Bearbeitung nicht nur zugänglich, sondern sogar darauf angewiesen. Nur: Selbstgestaltung ist in eine komplexe Ausgangslage gestellt. Geschlechtlichkeit ist zu kultivieren, aber *als* naturhafte Vorgabe (was könnte sonst gestaltet werden?). Kultivieren meint: weder sich ihr zu unterwerfen noch sie auszuschalten. Beides, Natur und „Überschreibung", lässt sich an den zwei unterschiedlichen Zielen der Geschlechtlichkeit zeigen: der erotischen Erfüllung im anderen und der generativen Erfüllung im Kind, wozu allemal zwei verschiedene Geschlechter vorauszusetzen sind.

Zur kulturellen Bearbeitung gehört andererseits, aus der Zweiheit in eine *gemeinsame* Welt zu blicken. Fruchtlos wird die Geschlechtsdifferenz dann, wenn sie aus der Zweiheit einen Antagonismus des Herrschens und Sich-Unterwerfens (beides auch noch gegenseitig) ableitet. Diese Verstörung der Geschlechter ist hinlänglich bekannt und kulturgeschichtlich wirksam (gewesen). Zu diesem Geschlechterkampf, zum Messen aneinander kann die Vorstufe des Sich-Nicht-Verstehens durchaus verleiten.

„Frauensprache"/„Männersprache" ist aber immer noch nicht die Sprache zweier gegenseitig Taubstummer, oder weniger dramatisch ausgedrückt: ist immer noch nicht Schicksal. Denn: Gerade auch das Geschlecht will noch einmal überstiegen, transzendiert werden – eben auf den anderen hin; in diesem Übersteigen liegt die Beglückung, eben im Finden des „Anderen". Wo das Geschlecht im leeren Suchen zerschellt, was zu den tragischen Möglichkeiten gehört, ist damit nicht schon sein Kern des „Über-sich-Hinaus" trügerisch. Christliche Kultur weiß von der Möglichkeit eines Alleinseins, das sich auf ein göttliches Gegenüber bezieht – über das Geschlecht hinaus.

4. Welche Lösungen wahrt das Christentum?

Es macht die Not unserer Existenz aus, dass sie alle Lebensvollzüge degradieren kann. Es gibt die Zweckgemeinschaft Ehe, den Selbstgenuss im Sex, das frustrierte, leergewordene Zölibat, das erzwungene, lähmende Alleinsein. Bibel und Kirche, die an dieser Stelle immer seltener befragt werden, „wahren" jedoch eine „Lösung" der geschlechtlichen Phänomene. Es geht um jenen intellektuellen Thesaurus, der in den narrativen biblischen Sätzen und in den Theologien der Jahrhunderte phänomenal erschlossen werden will.

Den neutralisierenden Überformungen des Geschlechts stehen Entwürfe gegenüber, die den Leib – im AT wie im NT – als Träger der Personalität (subjektiv) sehen, und (intersubjektiv) weitergehend als Träger aller Beziehungen, zu Welt, den Menschen, zu Gott. Im AT ist die innere Nähe von Geschlechtsliebe und Gottesbeziehung mit großer Unbefangenheit ausgesprochen, am strahlendsten im Hohenlied, wo die leibliche Liebe der beiden Menschen zueinander auch auf die Liebe des Schöpfers zu seinem Geschöpf gelesen werden kann. Im NT wird die *Fleisch*werdung Gottes ein Neueinsatz und eine Herausforderung: Wie kann Gott überhaupt einen Leib und ein Geschlecht annehmen? Dies ist entgegen allen Idealisierungen leibloser Göttlichkeit die eigentliche Unterscheidung von allen anderen religiösen Traditionen, sogar vom Judentum. *caro cardo* – das Fleisch ist der Angelpunkt. Die Inkarnation Gottes setzt das gesamte Leibphänomen in ein neues, unerschöpfliches Licht[17] – nicht minder die leibliche Auferstehung zu todlosem Leben. Auch Kirche wird als Leib gesehen, das Verhältnis Christi zur Kirche als bräutliches (Eph 5, 25), und die Ehe wird zum Sakrament: zum Zeichen realer Gegenwart Gottes in den Liebenden. Es ist dieses Rückbinden des Geschlechts in seinen zentrifugalen Möglichkeiten an den ganzen Menschen, das die Bibel vorstellig macht: damit der ganze Mensch sich übersteigt, und nicht nur seine Biologie oder sein Geist ins Leere, ins Du-Lose wegstreben. Stattdessen spricht die Sprache, wieder einmal überraschend, vom Gegen-Über: worin der Anteil des „Über" gerade am Du zu erfahren ist. Auch dahin muss Geschlecht bearbeitet, kultiviert werden, aber nicht um seiner Zähmung oder sogar Brechung willen, sondern seiner wirklichen und wirksamen Ekstase wegen.[18] Ekstase meint: „Liebe. Man verlegt den Mittelpunkt aus sich selbst heraus."[19]

Allerdings: „Aber wiederum in eine endliche Sache."[20] Das Glücken der Geschlechtlichkeit kann daher weder durch das Sakrament noch durch anderen Segen garantiert werden, aber christlich angeben lassen sich die Elemente, unter denen die schwierige Balance gelingen kann: a) den Leib in seinem Geschlecht und b) in der Anlage für das Kind als Vorgabe anzuerkennen. Anders: Im Endlichen zu verbleiben – im Geschlecht sich nicht selbst genug sein können, im Kind zu „sterben". Das ist kein naiver Naturbegriff mehr, sondern die schöpferische Überführung von Natur in kultivierte, angenommene, endliche Natur.

Dennoch und gerade deswegen steht sie im Raum der Übersteigung und nicht in einem flachen Materialismus. c) Auch der Eros wird in den Bereich des Heiligen gestellt: im *Sakrament*. Auch Zeugung und Geburt werden in den Bereich des Heiligen gestellt: Sie sind paradiesisch verliehene Gaben (Gen 1, 28). Nie wird nur primitive Natur durch Christentum (und Judentum) verherrlicht: Sie ist vielmehr selbst in den Raum des Gött-

---

[17] Eine phänomenologische Analyse dazu liefert: *M. Henry*, Fleischwerdung, Freiburg 2000.
[18] Vgl. *H.-B. Gerl-Falkovitz*, Eros – Glück – Tod und andere Versuche im christlichen Denken, Gräfelfing 2001.
[19] *S. Weil*, Cahiers. Aufzeichnungen, München 1993, II, 83.
[20] Ebd.

lichen zu heben, muss heilend bearbeitet werden. Hildegard von Bingen sagt den schönen Satz, Mann und Frau seien „ein Werk durch den anderen" (*unum opus per alterum*)[21]. Wie tief solches Werk im Leiblichen verankert ist, zeigt eben das Kind. „Leiblichkeit ist das Ende der Werke Gottes"[22], formulierte der Pietist Friedrich Christoph Oetinger. „Fruchtbarkeit ist das Ende der Werke Gottes", könnte man der Sache nach weiterformulieren, leiblich und geistig verstanden.

Geschlecht ist Selbstgewinn und Selbstverlust im anderen, es ist fleischgewordene Grammatik der Liebe. Leib ist schon Gabe, Geschlecht ist schon Gabe – aber nicht im Festhalten als „meine", „dir" unzugängliche Habe, sondern im Weitergeben, sogar im Entäußern, im Armwerden am anderen, zugunsten des anderen. Aber auch nicht im Verwerfen der Gabe und in ihrem Umschreiben zur Selbstbemächtigung, in der Sterilität der Verweigerung: Ich will mir nicht gegeben sein. Nicht zufällig entfaltet sich heutiges phänomenologisches Fragen an einem Denken der „Gabe".

Geschlechtlichkeit ist Grund und Ur-Sprung des von uns nicht Machbaren, der Passion des Menschseins. „Liebe, Schmerz der getrennten Existenz. Zwei Wesen sollen eines sein, doch wenn sie eines wären, würde sich dieses Wesen selber lieben, und welchen schlimmeren Albtraum könnte man sich vorstellen? (...) Narziß verlangt von sich selbst, ein anderer zu werden, um ihn lieben zu können. Der Liebende verlangt von der Geliebten, daß sie er wird."[23] Reich an dieser Zweiheit und arm durch sie – mit ihr begabt, uns selbst aber nicht genügend, wie Platon im Symposion zeigte[24], abhängig von der Zuwendung des anderen, hoffend auf die Lösung durch den anderen, die aus dem Raum des Göttlichen kommt und in ihrer höchsten, fruchtbaren Form dorthin zurückleitet (Gen 1, 27f). Was also im griechischen Denken ein „Fehl" ist: die mangelnde Einheit, wird im biblischen Denken zum Glück der Zweiheit, die vom *einen* Ursprung unterfangen wird.

---

[21] *Hildegard von Bingen*, Heilkunde, hg. v. Heinrich Schipüperges, Salzburg 1957, 37.
[22] *F.C. Oetinger*, Biblisches und Emblematisches Wörterbuch, Heilbronn am Neckar 1776, 407.
[23] *S. Weil*, Cahiers II, 75.
[24] *Platon*, Symposion, 202 E – 203 D.

Zu modischer Breite angewachsen ist heute ein ideologisch unterfüttertes Ausweichen vor dem anderen Geschlecht, seiner Zumutung durch Anderssein. Männer flüchten sich zu Männern, Frauen zu Frauen. Homoerotik vermeidet jeweils die Zwei-Einheit aus Gegensatz, sie wünscht Zwei-Einheit aus Gleichem (allerdings nur quasi, weil ein Partner doch die „andere" Rolle übernimmt). Könnte über alle Morallehren hinweg, die doch wenig greifen, die alte Genesis-Vision heute erneuert werden, dass sich in dem Einlassen auf das fremde Geschlecht eine göttliche Spannung, die Lebendigkeit des Andersseins und die Not(wendigkeit) asymmetrischer Gemeinschaft ausdrückt? Schöpferisches, erlaubtes, leibhaftes Anderssein auf dem Boden gemeinsamer göttlicher Grundausstattung - mit dem Antlitz von Frau oder Mann: Das ist der Vorschlag des Christentums an alle Einebnungen, Dekonstruktionen, Neutralisierungen.

Im Blick auf die programmatische Bedeutung des Geschlechts sieht Maximus Confessor (um 580-662) ein einigendes Ziel dieser glücklichen Zweiheit, worin ihr jetzt noch mögliches Unglück: die postlapsarische Verstörung, der fruchtlose Kampf gegenseitiger Unterjochung aufgehoben ist. Die Brutalität des Nur-Geschlechts, der „Fluß-Gott des Bluts (...) ach, von welchem Unkenntlichen triefend"[25], muss daher nach Maximus endgültig vermenschlicht werden: „Zuerst einigte Gott in sich uns mit uns selbst, indem er die Scheidung in Mann und Weib aufhob und uns aus Männern und Weibern, an denen diese Unterschiedenheit des Geschlechtes das Hervorstechendste ist, einfach und schlechthin zu Menschen machte, im wahren Sinne des Wortes, da wir ganz nach ihm geformt wurden, sein unentstelltes Ebenbild heil und unversehrt an uns tragend (...)."[26] Das meint nicht neue Leibferne, es meint den nach-denklichen Horizont verwirklichter Leiblichkeit, die ohne einen göttlichen Horizont schwerlich zu denken ist und immer wieder ins zeitgenössische Gespräch übersetzt werden muss.

---

[25] *R.M. Rilke*, Die dritte Duineser Elegie, in: Rilke, Werke, Frankfurt: Insel 1980, II, 449.
[26] *Maximus Confessor*, All-Eins zu Christus, hg. u. übers. v. E. v. Ivanka, Einsiedeln 1961, 52f.

Aussprache

Leitung: *Dr. Johannes Hattler*

Hattler: Personwerdung des Menschen im römischen Recht, Herr Dr. Stagl, Trends zur radikalen Nivellierung der geschlechtlichen Differenz und Instrumentalisierung des Leibes heute – bis hin zur Auflösung der Person-Einheit, Frau Professor Gerl-Falkovitz: ein sehr großer Bogen.

Sie, Herr Stagl, sprachen eingangs vom Person-Begriff als einer Abstraktion. War damit nur das Absehen vom einzelnen Menschen gemeint, sozusagen ein juristischer Gattungsbegriff? Da könnte man doch einfach „Mensch" sagen. Oder sollte „Abstraktion" nur für die beschriebene Frühphase des römischen Rechts gelten, in der Sie dem Begriff Person eine dehumanisierende Funktion zuschreiben? Am Ende sagen Sie, die Begriffsbestimmung Person treffe auf den Menschen als solchen zu und frage nicht nach seiner sozialen Rolle.

Stagl: Der Begriff ‚Person' bezeichnet den Menschen im Hinblick auf das Rechtssystem. Das Rechtssystem hat einen eigenen Begriff für ‚Mensch', weil es sich dann leichter tut, verschiedenen Gruppen von Menschen verschiedene Rollen im Rechtssystem zuzuschreiben. Diese verschiedenen Rollen sind zumeist mit Abstrichen bei Freiheit und Gleichheit verbunden: Paradigma hierfür ist der Sklave. Auf der anderen Seite hat der Begriff auch eine affirmative Funktion – von mir Pathos genannt: Dem als Person qualifizierten Menschen kann man bestimmte Rechte nicht entziehen. Ich stelle diese beiden Funktionen und Bedeutungen des Personen-Begriffs in einen historischen Zusammenhang: erst Entrechtung, dann Berechtigung. Beides existierte im heutigen Recht nebeneinander, wobei der Entrechtung – nicht zuletzt durch den Personenbegriff – Grenzen gezogen sind.

Dr. Hans Thomas: Neben Abstraktion und Zurechnung nannten Sie als noch wichtigere Funktion des Personbegriffs „Pathos". Das hat mich überrascht. Unter Pathos verstehe ich emotionale

Emphase. Der an sich blasse Begriff der Person, sagten Sie dann, sei zum Gefäß naturrechtlichen Pathos' geworden. Wie ist das zu verstehen?

Stagl: Der Begriff ist ein bisschen frech. Pathos ist – wie Sie sagen – ein rhetorisches Mittel. Wenn das ABGB in § 16 dem Menschen die Qualität als Person zuschreibt und hieraus ableitet, dass es keine Sklaverei mehr geben kann, dann ist das für die einen schlichtweg eine naturrechtliche Argumentation und für die anderen Rhetorik. Ich hätte also auch sagen können, der Begriff ‚Person' sei kristallisiertes Naturrecht. Das sage ich später auch, doch wollte ich dies Ergebnis nicht vorwegnehmen. Zugleich wollte ich auch darauf hinweisen, dass das mit dem Naturrecht nicht so einfach ist.

Hattler: Sie, Frau Gerl-Falkovitz, sprachen von einer quasi cartesischen Trennung: hier eine Geistigkeit, dort eine von ihr vollständig konstruierte körperliche „Realität". Andererseits stellten Sie eine Konzeption fließender Identität heraus, die beide Dimensionen wiederum zu übergreifen scheint. Zuerst Aufhebung der personalen Einheit und damit der Person, dann der Identität des Subjekts?

Gerl-Falkovitz: Subjekt ist in der Gender-Theorie ein negativ verstandener Begriff. Es gilt als kantischer, aufklärerischer Begriff: Subjekt als Träger von Eigenschaften und Haltungen. Das ist aufklärerisch im negativen Sinn. Das Stichwort Person kommt nicht häufig vor. Subjekt bedeutet Identitätsmuster. Die Bildhauerin Louise Bourgeois sagte: Ich habe zu viel Identität. Ich brauche sie gar nicht.

Die postmoderne Idee ist: Es gibt nur noch eine Fluidität. Dabei geht es um die Frage des Werdens: Was kann ich noch alles werden? Das ist also das innere Movens. Ich sprach von einer Kombination von Mensch-Maschine, oder genauer: Körper-Maschine. Haupttheoretikerin ist hier Donna Haraway. Sie spricht davon, dass der Mensch ein Prozess sei. Das schlägt sich sprachlich in Sätzen wieder wie: Mein Ich ist eine Prozessualität. Prozesse laufen. Ich kann aber nicht sagen, dass ich Träger meiner Prozesse bin. Ein anderes postmodernes Schlagwort ist das von den „subjektlosen Prozessen". Wenn ich mit der Bahn nicht ankomme, sind vollständig subjektlose Prozesse der Grund. Verantwortlich dafür ist niemand. Es passiert eben. Es gibt auch niemanden, den man ansprechen kann. Dass es Prozesse gibt, die keiner veranlasst, die keiner will, gegen die aber auch keiner etwas tun könnte, ist mindestens ein interessanter Gedanke. Der Ausdruck „subjektloser Prozess" drückt genau ein bestimmtes gegenwärtiges Lebensgefühl aus. Als stabilen Interpreten meines Daseins macht es mich überflüssig.

Das ist die Tendenz der Theorie. Ob die Suppe so heiß gegessen wird, ist eine andere Frage.

Stagl: Wie erklären Sie sich, Frau Gerl-Falkovitz, den unglaublichen Erfolg dieser „gender"-Bewegung. Ich finde sie, vom Juristischen her gesehen, alles andere als harmlos. Die Adoption von gleichgeschlechtlichen Paaren kommt auch in Deutschland. Die absolute Gleichstellung der gleichgeschlechtlichen Partnerschaft mit der Ehe ist nur noch eine Frage der Zeit. Wie erklären Sie sich den unglaublichen Erfolg dieser Theorie, die ja alledem widerspricht, was wir für natürlich, für normal halten und von Kindesbeinen an gewohnt sind?

Gerl-Falkovitz: Zum einen ist die Diskussion eine sehr akademische. Außerhalb des universitären Bereichs sind die Theorien, obwohl mittlerweile bereits 20 Jahre alt, meist völlig unbekannt. Es gibt allerdings keine Universität, die ihre Studien nicht „gendert". Gender meint hier selten diesen harten theoretischen Kern – Butler ist 1990 erschienen, aber die Idee ist älter. Die „weiche" Gendertheorie fordert vielmehr Geschlechtergerechtigkeit, wobei Geschlecht hier nur eine konstruktive Idee ist. Also: wenn ich morgen ein Mann sein will, dann halte ich mich an die gegenderten Möglichkeiten der Universität für Männer.

Wer hat daran Interesse? Ich denke, es ist letztlich ein ultimativer Freiheitsversuch. Geschlechtlichkeit ist der intimste Bereich, der gleichzeitig natürlich einen Öffentlichkeitscharakter hat. Aber dass in meiner Geschlechtlichkeit keine Normierung, weder durch den Staat, noch durch soziale Einflüsse vorherrscht, noch meine Biologie eine Schranke aufbaut, das hat einen unerhörten Freiheitsimpuls zur Folge. Vielleicht ist das die letzte Fortsetzung dessen, was 1968 und danach einmal anlief. Entwickeln kann sich das letztlich auch nur vor einem immanenten, wohl atheistischen Horizont. Wenn mein Leben sich in der Immanenz dieses Daseins vollzieht, dann bin ich durch die Festschreibung auf ein Geschlecht erst einmal eingegrenzt. Wenn ich nur dieses eine Leben habe, stellt sich die Frage, ob ich nicht unerhört viel mehr ausschöpfen könnte, als nur mit einem Mann verheiratet zu sein und das 30 Jahre lang. Verplempere ich so nicht mein Leben, meine Mobilitäten? In der reinen Immanenz hat es dann einen sehr befreienden Charakter, wenn ich mir sage, meine Art zu leben gehe überhaupt niemanden etwas an. Ich suche das Leben als eine beständig wechselnde Szenerie. Die Theatermetaphorik ist interessant – und in Gendertexten allgegenwärtig. Ich bin auf der Bühne, ich spiele eine Rolle, habe eine Rolle. Ob es mich gibt, ist dabei völlig egal. Ich reize die Möglichkeiten aus. Sucht man darin den positiven Aspekt, dürfte es der Freiheitsgedanke sein.

Anderseits ist die Gegenbewegung im Gange, auch unter den Studenten. Wenn ich die Situation so verstehe, dass ich mich emanzipiere, koste es, was es wolle, und es macht noch nicht einmal Spaß, dann ist die Sache irgendwann erledigt. Es gibt eine absolute Grenze des Selbstentwurfs. Diese absolute Grenze heißt Schmerz. Man kann mit dem Schmerz sehr weit gehen, aber nicht unendlich weit. 50 Gesichter zu haben gibt mein Körper nicht her. In Erlangen wird Geschlechtsumwandlung gemacht; ich kenne den Arzt, der die psychische Voruntersuchung macht. Er sagt, man könne eine Geschlechtsumwandlung nur einmal machen und auch das „haut kaum hin". Man kann etwas abschneiden oder drannähen. Aber eine steigende Zahl von Menschen finden sich dann leider wieder im falschen Körper. Und eine Rückumwandlung gibt es dann auch nicht wieder. Wenn ich den Körper nur als Instrument nehme, ist relativ schnell Feierabend mit meiner Selbstkonstruktion. Eine schlichte Bremse, wenn Sie so wollen. Dass es sie gibt, ist aber nicht uninteressant: Über unseren Körper verfügen wir eben nicht einfach. Er hat eine Eigendynamik. Und ich glaube, dass in der nächsten Generation diese Eigendynamik des Körpers nochmals ganz neu entwickelt wird.

Papst Johannes Paul II. hat über Jahre hinweg eine Katechese gehalten zum Thema: „Die Sprache des Leibes". Ob man gläubig ist oder nicht, die Phänomenologie unseres Leibes ist eine entscheidende Qualität. Der Leib hat eine Aussage, er macht Aussagen. Man kann ihn nicht einfachhin zwingen.

Artur Schönhütte: In Bezug auf Ihre Ausführungen, Herr Dr. Stagl, zur Befreiung des Subjekts und der Person in der frühen römisch-republikanischen Phase, weg vom Ständesystem, würden mich konkrete Beispiele für die de-facto-Entwicklung zunehmender Würdigung der Personen interessieren. Formal hat sich die Bürgerrechtserweiterung nur auf freie Bürger bezogen und die Sklaverei wurde de iure auch nicht abgeschafft.

Stagl: Die Schwierigkeit mit den Beispielen liegt sozusagen in der Natur der Sache. Die Römer haben nach außen alles immer so gelassen, wie es war, sie haben die Begriffe und die Institutionen nicht geändert. Aber sie haben sie von unten her ausgehöhlt. Etwas ähnliches gibt es auch bei uns: Wenn wir oberflächlich auf England blicken, sehen wir eine Königin und ein Oberhaus und sagen, England ist eine Monarchie. Aber in Wahrheit ist es die reinste Demokratie mit ein wenig antiquiertem Zierrat.

Ähnlich verfuhren die Römer: Sie schafften die Sklaverei nicht ab, sondern begannen, sie von innen zu humanisieren. Wir haben Gesetzgebungen, dass man Sklaven nicht mehr beliebig töten oder beliebig für Gladiatorenspiele verkaufen darf. Die Patronatsrechte des Freilassens werden ebenfalls peu à peu ausgehöhlt. Hier das Gegenbeispiel aus England, wo ein Herr Wilberforce im englischen Empire eine Petition einreicht, dass die Sklaverei abgeschafft wird, woraufhin der Senat ein Gesetz zur Verabschiedung der Sklaverei erlässt. Das wäre vollkommen undenkbar. Im römischen Recht haben wir demgegenüber einen schleichenden, über Jahrhunderte sich hinziehenden Prozess. Es gibt in Rom die Aufweichung der strengen Form der Ehe. Sie wird nicht abgeschafft. Sie wird einfach nicht mehr praktiziert.

Allesamt schleichende Prozesse. Wir haben aber auch handfeste Belege wie das Lehrbuch des Gaius, der sich darin offen über eine Institution des römischen Rechts lustig macht. Er hebt zwar konkret die Vormundschaft des Mannes über die Frau nicht auf – das könnte er gar nicht –, aber er betreibt die schleichende Zersetzung dieser Rechtsnorm.

Paul Stollorz: Ich stelle mir das einigermaßen anstrengend vor, Frau Gerl-Falkovitz, mich heute so und morgen anders zu definieren. Zudem sehe ich keinen Anreiz, das dauernd tun zu müssen. Meine Frage: Wo bleibt dabei das Glück?

Gerl-Falkovitz: Glück. Was ist Glück? Hier wird Glück über Freiheit definiert, über Abwesenheit von Zwang. Da liegt der Impuls, der zuerst einmal greift. Butler selber lebt – wie viele dieser Theoretikerinnen – als Lesbe. Da manifestiert sich gewiss auch ein Psychogramm. Wenn diese Lebensweise gesellschaftlich nicht akzeptiert ist, sieht man sich eingeschränkt. Von daher ist es erst einmal ein Freiboxen. Mit Glück beschäftigt sich die Theorie selbst übrigens überhaupt nicht. Meines Wissens kommt das Wort dort nicht vor. So gesehen, ist Ihre Frage sozusagen „eine bürgerliche Frage". Aber vielleicht stimmt ja auch meine Interpretation nicht.

Derartige Fragen gehören noch in die Moderne. Die Moderne fragt noch nach so etwas wie Erfülltheit oder ob das Subjekt seinen Horizont als geglückt empfindet. Eine postmoderne Fragestellung lässt all das – interessanterweise! – noch einmal hinter sich. Auf Glück, wie wir es verstehen, würde Butler wahrscheinlich pfeifen. Was nicht heißt, dass sie nicht danach sucht. Es gilt unter den jetzigen Umständen als uninteressant. Das ist einfach nicht das Modell. Die Fragestellung lautet vielmehr: Kann ich nicht das Leben mal völlig umgekehrt leben – und was kommt dann dabei heraus? Das zeigt den eher experimentellen Charakter. Ich stehe zwar nicht unbedingt morgens auf und frage, ob ich heute Otto, Franz oder Sabine sein will. Auch hier gibt es schon Stabilität – solange es einigermaßen gut geht.

Es sind Modelle auch der Provokation. Noch stärker sind es Modelle des Experiments. Man experimentiert mit seinem Leben, reizt es aus. Man findet es schön, wenn jemand darauf reagiert, dass man heute ein anderer, eine andere ist. Ob das Spaß macht, ist eine ganz andere Frage. Das Ausloten von Schmerz gehört hier dazu, und zwar von physischem Schmerz. Das Austesten des Körpers bis an die Grenze, jenseits derer es destruktiv wird, das ist postmodern. Man kann das in der Kunst sehen. Nach allen Materialien, die bislang geläufig waren, verwandte der Wiener Aktionskünstler Hermann Nitsch Fleisch und Blut – noch fremdes, tierisches Fleisch und Blut, auch Tierkadaver. Heutige Künstler verwenden das eigene Fleisch, und zwar nicht zur Luststeigerung, sondern zur Schmerzsteigerung. Wie schon gesagt: „Glück" ist da ein spätbürgerliches Stichwort.

Dr. Hans Thomas: Gender-mainstreaming ist in Deutschland politisch ressortübergreifende Leitlinie. Die Verfechter haben die Radikalität der Theorie aber offenbar auch nicht wahrgenommen. Wäre sonst die aktuell geforderte Frauenquote in deutschen Vorständen und Aufsichtsräten nicht damit gelöst, dass sich ein Teil der dort sitzenden Herren zu Frauen erklärt?

Priska Mielke: Wenn man Butlers Ansatz einmal konsequent verfolgt, welche psychologischen und pädagogischen Konsequenzen ergeben sich dann? Meiner Ansicht nach ist das Vorleben von Rollenbildern, ob bewusst oder unbewusst, ein wesentlicher Teil jeder Erziehung. Lässt man dabei nun die Geschlechterrollen konsequent in der Schwebe, dann stelle ich mir das sehr schwierig vor. Wie hat sich Butler selbst zu Widersprüchen in ihrem Ansatz gestellt? Sie, Frau Gerl-Falkovitz, haben angeführt, dass selbst in gleichgeschlechtlichen Beziehungen der eine sich eher wie ein Mann, der andere sich eher wie eine Frau verhält. Diese Polarität sei also bleibend erhalten. Das scheint m.E. ein schlagendes Argument dafür zu sein, dass die Festlegung auf ein Geschlecht im Menschen durchaus klar angelegt ist. Hat sich Butler zu dieser Kritik geäußert?

Gerl-Falkovitz: Ich meine, dass die Theorie die Frage der komplementären Rollen, die Frage nach der notwendigen Prägung nicht berücksichtigt hat. Anthropologisch ist klar, dass der Mensch nicht aufwächst wie eine gelbe Rübe, sondern nach Modellen sucht, um sich innerhalb ihrer zu realisieren.

Wenn man sich mit Gender befasst, dann stößt man irgendwann auf die Reimer-Zwillinge, die Opfer des Experiments des Sexualpsychiaters John Money wurden. Beide Jungen hatten eine Phimose und wurden beschnitten. Einer verlor dabei sein Glied, wurde kastriert, operiert, hormonell stimuliert und als Mädchen aufgezogen. Er hat nie erfahren, dass er ein Junge war. Den Eltern hatte Money Rezepte gegeben, wie der Nicht-Junge behandelt werden solle. Vor dem Arzt hatten beide Kinder Angst. Das Kind ist daran seelisch zugrunde gegangen. Übrigens sind beide durch Selbstmord geendet. Es war ein Riesenexperiment. Und es ist schauderhaft gescheitert.

Wir wissen einfach, dass die anthropologische Prägung stabil sein muss – sie kann nicht ständig wechseln. Stabilität heißt ja nicht, dass man in eine gusseiserne Form kommt, sondern dass es zunächst einen Halt gibt. Dann kann man wohl auch mal wechseln. Der Punkt ist: Um zu wechseln, braucht es zuerst eine stabile Form. Wenn man aber niemals eine Gestalt bekommen hat, dann kann man auch seine Gestalt nicht wechseln. Ein analoges Beispiel: Wenn jemand sagt, er erziehe seine Kinder nicht religiös, weil sie später einmal selber entscheiden sollen, ist das absurd. Sie könnten auch sagen: Ich unterrichte meine Kinder in keiner Sprache, denn sie sollen im Alter von 8 Jahren entscheiden, welche Sprache sie sprechen wollen. Logisch ist: Um entscheiden zu können, muss ich eine Sprache haben. Um meine Identität wechseln zu können, muss ich eine Identität haben.

Deshalb ist das Rollenmuster, besser: die Prägung in der Erziehung, eine entscheidende Voraussetzung für meine seelische Gesundheit. Erst dann könnte ich auch sagen, ich haue meine ganze Prägung zum Teufel. Selbst das kann ich erst sagen, wenn ich eine habe. Der einzige Affekt, der drin steckt, ist dieses „weg von!" Es gibt kein „hin zu". Man muss also aus einer stabilen Ich-Identität kommen, um überhaupt wechseln zu können, und das wird hier generell übersehen. Es ist entwicklungspsychologisch falsch. Damit fährt man, denke ich, auch pädagogisch an die Wand. Mein Optimismus diesbezüglich bekommt zunehmend Nahrung. Die Kritik an diesen Ansätzen wächst beständig. Das sowohl aus der Bindungsforschung – denn ich muss auch eine Bindung an mich selber haben, sonst ist alles uferlos – wie aus sonst ganz verschiedenen Disziplinen lässt sich zeigen, dass die fließende Identität nicht gelingt.

Noch zu Butler und ihrer Stellungnahme zu möglichen Brüchen. Sie ist eine sehr arrivierte Professorin in Berkeley, wird überall eingeladen, die Bücher verkaufen sich wie warme Semmeln, sie ist eine Millionärin. Sie hat ihre Theorie in den letzten Positionen ein bisschen geändert. In ihrem Buch „Körper von Gewicht" gibt sie dem Körper nun doch mehr Eigengewicht, aber sehr behutsam. Es sind kosmetische Änderungen, wahrscheinlich aus einer Selbstkorrektur heraus. Aber ihre eigentliche Position hat sie nicht geändert. Sie selbst lebt in wechselnden, weiblichen Beziehungen. Aber das ist ihr Problem.

Zusammenfassend: Butler lebt aus dem Affekt des Protestes. Das hat keine Stabilität. Denn der Protest nimmt immer genau das mit, wogegen er protestiert. Der ganze Affekt zerfällt, wenn die Aufmerksamkeit auf das, was ihn entzündet, erlischt und die Leute sagen, das „sei ihnen wurscht". In dem Augenblick, wo die Gesellschaft demgegenüber völlig gleichgültig wird, ist auch Frau Butler weg vom Fenster.

Stagl: Gender ist ein Thema, welches nur einer Generation Spaß macht. Danach ist Schluss. Die Verfechter sterben notwendigerweise aus, weil das Schloss und Schlüssel-Prinzip missachtet wird. Das erinnert an den Psychiater Timothy Leary mit seinen Plädoyers für den Umbau der Psyche durch LSD und seinem Slogan „Turn on, Tune in, Drop out!". Er wurde damit zum ‚Guru' der Hippies. Eine Generation konnte das mit dem LSD-Rausch machen. Wenn sie ausgestorben ist oder es in die Frühpension geschafft hat, dann ist einfach Schluss. Das ist ein gefährlicher Spaß, der nicht ans morgen denkt.

Dr. Hans Thomas: Zu Anfang sprachen Sie, Herr Stagl, von der Abstraktheit des Begriffs Person. Diese Abstraktheit bleibt auch heute mitunter ein Problem. Wenn Philosophen, Juristen, Theologen von Person sprechen, dann ist das völlig in Ordnung. Philosophisch oder juristisch ist klar: Jeder Mensch ist Person. Nun meinen viele Philosophen oder auch Theologen, ein gutes Werk zu tun, wenn sie den Medizinern nahelegen, auch von Personen zu sprechen. Bei den Römern und heute auch vielfach wieder, gilt als Person, wer geboren ist. Ein Mensch ist es auch vorher schon. Für Mediziner wirft die Handhabung interpretationsbedürftiger abstrakter Begriffe da nur unnötige Fragen auf. Es mit einem Mensch zu tun zu haben, ist für sie näherliegend, konkreter, eindeutiger. Medizinern zu empfehlen, grundsätzlich von „Mensch" zu sprechen, könnte mitunter geradezu lebensrettende Funktion haben. Sollte man nicht ähnlich Juristen empfehlen, grundsätzlich von Menschenrechten und nicht von Personenrechten zu sprechen? Im ersten Text der europäischen Verfassung ging das durcheinander – bis hin zum Zweifel, ob es Menschen gibt, die keine Personen sind.

Stagl: Im Hinblick auf den Menschen sind abstrahierende Begriffe äußerst gefährlich, erlauben sie es doch gerade von der Mensch-Qualität abzusehen. Wie ich eingangs sagte, ist der Begriff der ‚Person' eine solche Abstraktion und als solche gefährlich. Das zeigt sich eklatant beim Embryo. Die Rede von ‚Person' statt von ‚Mensch' hat hier geradezu die Funktion, das moralische Problem der Tötung eines Menschen gar nicht erst formulieren zu müssen. Auf der anderen Seite hat der Begriff der Person aber auch viel für sich, weil er dem Menschen per se Rechte zuschreibt. Vorbehaltlich der Frage, ob sich ein so alter Sprachgebrauch ändern lässt, hat Ihre Anregung aber viel für sich.

Dr. Stefan Finkler: Herausbildung des Personbegriffs – Zerfall des Personbegriffs: Das scheint mir der große Zusammenhang zu sein, der hier thematisiert wurde. Zuerst wurde von den Rollen abstrahiert und entdeckt, dass da etwas Tieferes ist als nur diese Rollen, ein Zugrundeliegendes, das jede Rolle trägt oder „eine Rolle spielt", ein Jemand. In diesem neuen Mainstream will man paradoxerweise auch Rollen überwinden, aber in einer ganz anderen Weise. Man setzt das Gegebene in Zweifel und konstruiert sich selber. Durch diese Willkür wird nicht nur dem Zerfall des Personbegriffs Tür und Tor geöffnet. Der radikale Konstruktivismus öffnet sie auch für Totalitarismen. Weil kein Maßstab des Richtigen oder Falschen mehr gegeben ist, wird die Bestimmung über andere möglich.

Gerl-Falkovitz: Die implizite Schwierigkeit der „Genderperspektive" besteht darin, dass sie zwar beständig behauptet, aus einer uferlosen Freiheit heraus zu argumentieren. Sie kann es aber nicht, weil das nicht geht. Mit bloß ablehnender Kritik der Gendertheorie ist jedoch auch nichts erreicht. Nur Negativität wird nochmals negiert. Die Behauptung, dass unsere Sexualität kein schlechthin naturgegebenes Moment ist, stimmt. Sie ist etwas, was wir bearbeiten, kultivieren. Darin, meine ich, liegt auch die Aufgabe. Deshalb muss man die Frage stellen: Was sagt die Sprache des Leibes? Hat mein Leib eine Selbstaussage oder ist er einfach eine leere Tafel, auf die ich irgendetwas kritzle? In der französischen, aber teilweise auch in der deutschen Phänomenologie gibt es heute wunderbare Ansätze. Die Phänomenologie beschäftigt sich mit der Frage: Was sagt mir ein Phänomen? Was also sagt mir konkret mein eigener Leib? Hier haben wir eine Aufgabenstellung erster Klasse.

Der Kirche traut man hier nicht mehr viel zu, also muss die Philosophie Argumente finden, warum gerade die Zweigeschlechtlichkeit die vitale Spannung ausdrückt, die mir Mut dazu abverlangt, mich einem fremden Geschlecht wirklich anzuvertrauen. Das wäre mein eigentliches Argument, das auch durchaus fruchtbar diskutiert werden kann. Damit haben wir eine Philosophie der Andersheit und Fremdheit. Das andere Geschlecht ist etwas, das mich wesentlich stärker fordert, gar überfordert und einen viel intensiveren Selbstverlust, damit aber auch einen ebenso intensiveren Selbstgewinn mit sich führt. Das ist ein Ansatz jenseits der eher öden Fragestellung moralisch/unmoralisch.

Auf die kürzliche Einladung zu einem Blockseminar zum Thema Gender in Tübingen habe ich zurückgeschrieben, ich wäre aber dagegen. Darauf die unglaubliche Antwort, genau das wolle man ja hören. Das Thema ist auf dem Tisch. Damit beginnt das Aufräumen. Ich denke, dass bessere Argumente noch kommen werden.

Ein Blick zurück zu Husserl und Edith Stein. Es gibt heute starke Vermutungen, dass die Passagen zum Leib bei Husserl wohl von Stein stammen. Die Philosophie bis dahin hatte eigentlich keinen Leib. Daher die Anekdote, Kant sei eigentlich nicht gestorben, sondern nur vertrocknet. Jedenfalls haben die Philosophen ab dem 14. Jahrhundert Leib nicht mehr thematisiert. Hildegard von Bingen gehört noch vor diese Zeit. Die monastische Tradition hat - erstaunlicherweise – die Leiblichkeit noch viel intensiver behandelt. Bei Thomas von Aquin ist es ausgeprägt. Bei Descartes reißt das ab: Tiere haben bei ihm keine Seele, sind Maschinen. Was wir Leib nennen, ist über diese Maschinendiskussion in der Neuzeit völlig abhanden gekommen. Aber die phänomenologische Tradition – die deutsche, mit ihrer fantastischen Sprache und philosophischen Tiefenresonanz - hat das Thema belebt und wesentlich weitergebracht. Bei den Franzosen möchte ich Michel Henry nennen. Sein letztes Buch heißt „Incarnation" – Fleischwerdung. Uralte Themen des Christentums kommen nun nach vorne in einer Beleuchtung, in der man sie nie gesehen hat. Da geht es um eine Fleischwerdung des eigenen Ich und nicht um eine Maskerade, die ich 30 Jahre meines Lebens spiele. Hier gibt es sehr überraschende philosophische Ansätze.

Artur Schönhütte: Mit diesen Positionen scheint es mir schwierig, für die Diskussion heute einen Ankerpunkt zu finden. Was läge Ihrer Meinung nach der Bezugspunkt für einen Diskurs mit den heute so disparaten Positionen?

Gerl-Falkovitz: Der Ankerpunkt ist einfach die Vernunft. Wobei die Vernunft nichts Einfaches ist. Vernunft kommt von Vernehmen, meint eine Einstimmung auf Wirklichkeit, die ich nicht durch Diskurs abschaffen kann. Schwierigkeiten bereitet, dass wir eine Diskursregelung haben, vor allem in den Medien. Kursänderung durch Diskursänderung geht nicht schnell. Die Frage ist, wie man in diese Diskurse hineinkommt. Man kann durchaus in agnostischer Umgebung operieren. Lange Jahre habe ich in Dresden Michel Henry gelesen. Problemlos, sogar hoch interessant. Vernunft ist das Stichwort. Vernunftkultur muss in den Diskurs und in die Medien.

Johannes Hattler

Anmerkungen zur neurowissenschaftlichen Kritik an unserem Selbstverständnis als personale Freiheitswesen

Wenn wir von Personen sprechen und uns selbst als solche verstehen, dann impliziert dies eine Mehrzahl bedeutungs- und traditionsgesättigter Begriffe und Zusammenhänge. Dass unser Selbstverständnis als Personen etwas mit – wie der Titel des Bandes thematisch vorgibt – Einmaligkeit, Freiheit und Miteinander zu tun hat, wird zumeist für selbstverständlich gehalten. Meinungsverschiedenheiten entzünden sich am Verhältnis dieser Bestimmungen zueinander, möglichen Ergänzungen oder deren systematischer Rangfolge. Selbst bei starker Berücksichtigung genetischer, sozialer, kultureller und neuerdings neuronaler Beeinflussung kann und will der common sense Personen eine letzte Selbständigkeit und Freiheit nicht absprechen. Dem steht in der aktuellen Debatte jedoch die Kritik aus dem Bereich der Hirnforschung gegenüber, die deshalb auch in den letzten Jahren häufig Anlass zu interdisziplinären und philosophischen Auseinandersetzungen gegeben hat. Auf Grund neurowissenschaftlicher Untersuchungen und Experimente heißt es, dass Geist, Freiheit, Ich – oder in philosophischer Terminologie: das Mentale – keine eigenständige Wirklichkeit neben den materiellen Prozessen des Gehirns besitzen. Mentales lässt sich zurückführen auf materielle Vorgänge im Gehirn, die empirisch beobachtet und beschrieben werden können und auf deren Grundlage sie mit fortschreitender wissenschaftlicher Erforschung zukünftig auch verständlich und vollständig erklärbar werden. Lässt man sich auf diese voraussetzungsreiche Theorie ein, dann wären wir keine freien und selbstbewussten Wesen, keine Personen, die verantwortlich entscheiden und handeln können. Es wären unsere Gehirne, die dies für uns erledigen und zudem für die Konstruktion dieser Täuschung verantwortlich sind.

Die neurowissenschaftliche Kritik

Die Argumentation der neurowissenschaftlichen Kritik fasst Gerhard Roth in folgenden Worten zusammen: „Mir scheint der Satz »Nicht das Ich, sondern das Gehirn hat entschieden!« korrekt zu sein, denn eine Entscheidung treffen ist ein Vorgang, dessen Auftreten objektiv überprüfbar ist. Auf den linken oder rechten Knopf zu drücken oder (tatsächlich oder virtuell) durch eine linke oder rechte Tür zu gehen ist (oder benötigt) eine Entscheidung, und man kann mit entsprechendem Aufwand experimentell untersuchen, was im Gehirn passiert, bevor und wenn diese Entscheidung getroffen wird. [...] Zumindest ist unter diesen Voraussetzungen die Aussage mancher Philosophen »Das Gehirn entscheidet nicht – das kann nur das Ich!« falsch. Da aus der Dritten-Person-Perspektive eine Entscheidung getroffen wurde, kann es nur das Gehirn sein – ein weiterer »Akteur« ist nicht in Sicht! Dabei ist es erst einmal unerheblich, ob diese Entscheidung im Gehirn völlig deterministisch oder unter Auftreten von »Indeterminismen« [...] geschah, sofern diese Indeterminismen nicht systematisch mit bewussten Willensakten zusammenhängen."[1]

Hier fasst Gerhard Roth in allgemeinverständlichen Worten zusammen, was seine und ähnliche Positionen kennzeichnet: 1. Wissenschaftlich objektive Abbildung der neuronalen Prozesse und insbesondere der Nachweis der messbaren Aktivität unbewusster neuronaler Erregungsmuster während und insbesondere vor der bewussten Entscheidung. 2. Identifizierung von Handlung und freier Entscheidung mit körperlich ausgeführtem Verhalten. 3. Vorraussetzung einer kausal geschlossenen Wirklichkeit und folglich Ausklammerung der Möglichkeit, dass indeterministische Prozesse Spielraum für mentale, insbesondere Willensakte darstellen können.

Allen drei genannten Aspekten liegt das Paradigma naturwissenschaftlicher Forschung in enger Verbindung mit einem naturalistischen Begriff der Wirklichkeit zugrunde. Der beton-

---

[1] G. *Roth*, Worüber dürfen Hirnforscher reden – und in welcher Weise?, in: C. Geyer (Hrsg.) Hirnforschung und Willensfreiheit, Frankfurt/M 2004, 66-85: 77

te Determinismus beruht dabei auf einem kausal-nomologischen Weltbild, der Beschreibung der Wirklichkeit nach naturwissenschaftlichen Gesetzen und der Verortung der Ursachen ausschließlich in der Sphäre des Materiellen.

Kritik an der Richtigkeit naturwissenschaftlicher Ergebnisse kommt nun nicht nur von Wissenschaftlern des selben Fachgebiets. Das naturwissenschaftliche Weltbild im Ganzen ist selbst keinesfalls zweifelsfrei fundiert. Eine erste grundsätzliche Schwierigkeit findet sich darin, dass man schon innerhalb der ehemaligen Leitdisziplin Physik auf tiefgreifende Differenzen und folgend Erklärungslücken stößt, die eine objektivierende Erklärung sämtlicher Vorgänge gerade nicht garantiert. Der Übergang zur Biologie und dann hier speziell zur Neurobiologie vervielfacht diese Deutungsdifferenzen nochmals beträchtlich. Ein geschlossenes System zur objektiven Erfassung der materiellen Wirklichkeit nach Gesetzen, das die kausale Ableitung sämtlicher Prozesse erlaubt, ist den Naturwissenschaften, trotz aller beeindruckender Erkenntnis- und Technologiefortschritte gerade nicht sicher. In Bezug auf die geforderte, ausschließlich materielle Verursachung sämtlicher Prozesse, also naturwissenschaftliche Kausalität, gilt entsprechendes. „Was in dieser Aussage eigentlich der Terminus »kausal« bedeuten soll, ist schon angesichts der heutigen physikalischen Theorien uneinheitlich und unklar.[2]

Gegenüber einer deterministischen neuronalen Verursachung könnte man auch darlegen, dass genau das Gegenteil der Fall ist, dass in den entsprechenden Schnittstellen im Gehirn ausnahmslos Indeterminismus herrscht.[3] Wie die damit ermöglichte Wirksamkeit mentaler Akte auf physikalische Prozesse möglich sein soll, wäre damit zwar nicht geklärt, käme allerdings auch der Lösung des seit alters her bekannten Leib-Seele-Problems gleich. Wie Brigitte Falkenburg jedoch jüngst ausführlich darlegte, ist die These der kausal geschlossenen ma-

---

[2] B. Falkenburg, Was heißt es, determiniert zu sein?, in: D. Sturma (Hrsg.) Philosophie und Neurowissenschaften, Frankfurt/M 2006, 43-74: 67
[3] F. Beck, Synaptic Quantum Tunneling in Brain Activity, in: NeuroQuantology 16/2 (2008), 140-151

teriellen Wirklichkeit wissenschaftlich nicht einlösbar.[4] Sie ist ein heuristisches Prinzip, das trotz aller Erfolge bisheriger Reduzierungen und komplexerer Erklärungsmuster auf dieselben methodischen Einwände stößt, wie die mechanistischen Modelle zur Erklärung geistiger Prozesse im 19. Jahrhundert.

Auf eine zweite Schwierigkeit der These einer neurowissenschaftlichen Reduzierung des Geistigen auf materielle Prozesse haben mehrfach und ausführlich besonders Bennet und Hacker hingewiesen.[5] So z.B. in einer Argumentation, die ihren Ausgang von der Aussage der Neurobiologen nimmt, dass es keine philosophischen oder theoretischen Konstruktionen sind, die zur Leugnung des Mentalen veranlassen, sondern ausschließlich empirische Daten und Ergebnisse. Bennet und Hacker weisen dagegen jedoch darauf hin, dass wir seit – mindestens – 350 Jahren Theorien haben, die eben dieselben Thesen folgern.[6] Sie nennen diese Theorien bewusst und sachgemäß metaphysische Theorien. Und daraus folgt, entgegen der Überzeugung vieler Neurobiologen, dass ihre Thesen gerade nicht durch empirische Ergebnisse alternativlos sind, sondern bereits sehr viel Theorie voraussetzen. Diese für jede und insbesondere derart umfassende wissenschaftliche Aussagen wesentliche methodische Differenzierung – zwischen Beobachtung und Theorie – ist jedoch häufig Neurowissenschaftlern überhaupt nicht bewusst.

Der neurowissenschaftliche Optimismus stützt sich demgegenüber auf beeindruckende Ergebnisse, die mithilfe modernster Untersuchungsmethoden ermöglicht werden. In wenigen Punkten zusammengefasst, zeigen die Ergebnisse folgendes Bild:

---

[4] *B. Falkenburg*, Wieviel erklärt uns die Hirnforschung? In: Information Philosophie 1 (2012), 8-19; *Dies.*: Mythos Determinisums, Wieviel erklärt uns die Hirnforschung, Berlin/Heidelberg 2012

[5] Grundlegend: *M.R. Bennet, P.M.S. Hacker*, Philosophical Foundations of Neuroscience, Blackwell Publishing 2003.

[6] *M.R. Bennet, P.M.S. Hacker*, Philosophie und Neurowissenschaft, in: Sturma 2006, 20-42: 38. Leibniz etwa wendet schon in seiner Monadologie (Monadologie und andere metaphysische Schriften, Hamburg 2002, 117) aus dem Jahre 1714 gegen die damalige (hobbes'sche) mechanistische Erklärung des Gehirns ein, dass damit keine Gedanken erklärt werden können.

Wir können heute mit bildgebenden Verfahren neuronale Prozesse im Gehirn objektivieren. D.h. wir können empirisch die Grundlage unserer subjektiven Wahrnehmung lokalisieren und reproduzieren. Wir können die spezifischen Areale der Großhirnrinde den verschiedenen Sinneseindrücken, aber auch zeitlichen Einstufungen und sozialen Interaktionen zuordnen und wissen immer detaillierter um die materielle Grundlage von Fehlfunktionen, von denen einige bisher dem Geistigen zugeordnet wurden. Außerdem wissen wir, dass bei komplexen Gehirnen der Eingang von Sinnesdaten und die Ausgänge zu den Effektoren nur einen verschwindend kleinen Bestandteil der Prozesse ausmacht. Das Gehirn verarbeitet weit mehr Informationen, als wir bewusst wahrnehmen. Das Gehirn ist folglich die primäre Instanz und das Bewusstsein, wenn überhaupt, nur ein Epiphänomen. Es lassen sich komplexe Funktionsüberlagerungen im Gehirn feststellen und analysieren, die darauf schließen lassen, dass diese mehrfach höherstufigen neuronalen Verschaltungen Operation auf Sinnesdaten, Neuverknüpfungen, etc. darstellen, also dem entsprechen, was wir klassisch dem Denken als Reflektieren zugeschrieben haben; »Geist« also nur die mehrfache (höherstufige) Verknüpfung einfacher Sinnesdaten und Gedächtnisinhalte, Selektion und Neukombination von abbildbaren neuronalen Prozessen ist.

Zwar ist in der neurobiologischen Forschung noch ungeklärt, wie die subjektiv empfundene einheitsstiftende Funktion unseres Bewusstseins mit Blick auf ihr neuronales Korrelat verstanden werden kann, insbesondere weil die komplexen Prozesse dezentral ablaufen. Dennoch bleibt die Kritik, wie das subjektive Bewusstsein, wenn es nur um einen verschwindend kleinen Bruchteil der Daten weiß, die das Gehirn insgesamt verarbeitet, dann die steuernde Instanz sein sollte.

Maßgeblich für die neurobiologische Kritik und ihre Überzeugungskraft sind jedoch die Experimente von Benjamin Libet und die Nachfolgeexperimente von Haggard und Eimer.[7] Die

---

[7] *B. Libet, C. A. Gleason, E. W. Wright, D. K. Pearl*, „Time of Conscious Intention to Act in Relation to Onset of Cerebral Activities (Readiness-Potential): The Unconscious Initiation of a Freely Voluntary Act." Brain 106 (1983), 623-642; *B. Libet*: „Unconscious Cerebral Initiative and the

bekannte Interpretation der Untersuchungsergebnisse lautet, dass das Gehirn „entscheidet', eine Bewegung, oder zumindest die Vorbereitung einer Bewegung einzuleiten, bevor es irgendein subjektives Bewusstsein davon gibt, dass eine solche Entscheidung stattgefunden hat"[8]. Dieser Schluss ist dem empirisch messbaren Umstand geschuldet, dass sich bei Versuchspersonen, die angewiesen wurden, spontan die Hand zu heben und sich den Zeitpunkt ihrer Entscheidung dazu mittels eines speziell präparierten Zifferblattes zu merken, eine Vorbereitung im Gehirn zur Ausführung dieser Bewegung durchschnittlich rd. 550 Millisekunden, das Bewusstsein des Willensaktes erst im Mittel 200 Millisekunden vor Ausführung des Knopfdrucks feststellen lässt. Folglich lässt sich rd. 350 Millisekunden vor dem Bewusstsein der Bewegungsauslösung ein sog. Bereitschaftspotential messen. Auch wenn Libet selbst von den weitreichenden Schlussfolgerungen seines Experiments überrascht war und ergänzend die Theorie einer Vetofunktion des freien Willens entwickelte, werden die Untersuchungsergebnisse als Beleg für die neuronale Verursachung bewusster Entscheidungen herangezogen. Jedoch wurde diese Schlussfolgerung auch vielfach kritisiert: Die Durchführung des Experiments erfordert eine 40-malige Wiederholung, so dass die gemessenen Zeiten nur Mittelwerte angeben und infogedessen ungenau sind. Zudem müssen die Wiederholungen in kurzer Abfolge ausgeführt werden, wodurch zusätzlich eine Relativierung der Messung der Bereitschaftspotentiale nicht auszuschließen ist[9]. Besonders signifikant ist etwa auch der Umstand, dass die Ergebnisse nicht durchgehend zu einheitlichen Ergebnissen führten. In einer späteren Versuchsanordnung wurde beispielsweise

---

Role of Conscious Will in Voluntary Action." The Behavioral and Brain Sciences VIII (1985), 529-539; *Ders.*: Do we have a free will? In: Journal of Consciousness Studies, 5 (1999), 49. (deutsch): Haben wir einen freien Willen?, in: Geyer 2004, 268-289; *P. Haggard, M. Eimer*, „On the Relation Between Brain Potentials and the Awareness of Voluntary Movements." Experimental Brain Research 126 (1999), 128-133.

[8] *Libet*, „Unconscious Cerebral Initiative and the Role of Conscious Will in Voluntary Action.", 536

[9] *J. A. Trevena, J. Miller*, „Cortical Movement Preparation before and after a Conscious Decision to Move." Consciousness and Cognition 11 (2002), 162-190: 186

bei zwei von acht Versuchspersonen das Bereitschaftspotential nach dem Auftreten des subjektiven Bewusstseins der Bewegungsauslösung gemessen.[10] Dennoch werden von vielen Neurobiologen die Ergebnisse der Libet-Experimente als Beleg gegen die Willensfreiheit herangezogen.

Will man die Willensfreiheit verteidigen und gegen die Verursachung der Handlungsentscheidung durch unbewusste neuronale Prozesse argumentieren, dann sind selbstverständlich Datierungsfragen zentral. Entscheidend sind jedoch auch methodische Argumente. Auch damit lässt sich aufzeigen, dass aus den Libet-Experimenten nicht die Widerlegung der Willensfreiheit folgt.

Eine vielfach und unterschiedlich vorgetragene These lautet, dass die eigentliche Entscheidung nicht innerhalb des Experiments, sondern vor bzw. mit Zustimmung zur Mitwirkung am Experiment getroffen wurde. Innerhalb des Experiments ist der Proband an die Vorgabe gebunden, spontan die Hand zu heben, wenn er einen Drang oder Wunsch verspürt, dies auszuführen. D.h. es steht ihm nicht die Möglichkeit frei, durch Abwägen von Gründen, sich für oder wider eine Handlung zu entscheiden. Diese Option ist gerade ausgeschlossen. Auch Libet sprach deshalb in diesem Zusammenhang von Verhalten im Unterschied zu Handeln.

Lutz Wingert fasst die Kritik anschaulich folgendermaßen zusammen: „Eine Entscheidung ist kein bloßer Ruck. Das ist zurecht immer wieder bemerkt worden."[11] Die Entscheidung ist auch ein Wählen und Zurückweisen. Wenn man sich für eine Handlung entscheidet, dann weist man deren Unterlassung zurück. Unterlassung ist aber mehr als blockierte Dopaminausschüttung. Zum Handeln gehört ein Urteil: »Es ist (jetzt) besser, das und das zu tun, als es zu unterlassen.« Die Probanden von Libet & Co hatten allerdings keine Hinsicht, unter der es ihnen besser erschien, diese oder jene Taste zu drücken. Deshalb mussten sie im Labor Handlungen simulieren. Ihre nichtsimu-

---

[10] *Haggard, Eimer*, „On the Relation Between Brain Potentials and the Awareness of Voluntary Movements.", 132
[11] Vgl. z.B. *B. H. Walter*, Neurophilosophie der Willensfreiheit, Paderborn 1998, 307; *J. Searle*, Rationality in Action, Cambridge 2001, 289ff.

lierte Handlung war, den Anforderungen des Laborleiters Folge zu leisten. Und dazu hatten sie sich lange vor ihrem Tastendrücken entschieden. So betrachtet gleichen die im Labor ausgeführten willkürmotorischen Bewegungen dem Sprung des Tormanns beim Elfmeter, der schon vor dem bewussten Registrieren des Torschusses zu reagieren beginnt. Sie sind nicht weniger freiwillig als die habitualisierte Parade eines geübten und warmgeschossenen Torwarts."[12]

Im Zusammenhang einer umfassenden Auseinadersetzung mit den empirischen Ergebnissen, den theoretischen Voraussetzungen und den methodischen Schwierigkeiten des neurobiologischen Reduktionismus betont Peter Janich dass die Freiheit im Sinne der Handlungsfreiheit bei den Libet-Experimenten eine Rolle spielt, nämlich als konstitutive Bedienung des Experiments.[13] Es gehört zur unverzichtbaren Grundstruktur eines Experiments, dass es empirische Ergebnisse im Sinne reproduzierbarer Ergebnisse liefern soll, folglich die experimentellen Verläufe durch Reproduzierbarkeit der Experimentalbedingungen bestimmt sind. D.h. nur mit denselben Ausgangsbedingungen bekomme ich dasselbe Ergebnis. Was folgt nun, wenn eine Versuchsperson bestochen wird, die Unwahrheit zu sagen in Bezug auf ihre Wahrnehmung der Entscheidung, den Knopf zu drücken? Einerseits ganz alltagspsychologisch: Wenn die Person das kann, dann ist sie frei. – Libet selbst hat seine Experimente in einem ähnlichen Sinne abgewandelt und zum Nachweis seiner postulierten Kontrollfunktion – der Möglichkeit eines Vetos – die Versuchspersonen instruiert, gegen den Wunsch bzw. Drang, den Knopf zu drücken, diesen Drang zu unterdrücken.[14]

Janichs Gedankenexperiment problematisiert treffend, dass die Wahrhaftigkeit der Versuchsperson selbst zu den reproduzierbaren Bedingungen gehört. Die Person muss und kann sich entscheiden, wahrhaftig zu sein oder nicht. Mit anderen Wor-

---

[12] *L. Wingert*: Gründe zählen. Über einige Schwierigkeiten des Bionaturalismus, in: Geyer 2004, 194-204: 197.
[13] *P. Janich*, Kein neues Menschenbild. Zur Sprache der Hirnforschung. Frankfurt/M 2009, 162f
[14] *Libet,* Haben wir einen freien Willen?, 278ff

ten, der Schluss, dass die Libet-Experimente die Freiheit widerlegen ist deshalb falsch, weil sie diese als Bedingung des Experiments gerade voraussetzen. Der Neurobiologe kann entgegnen, dass sich die Situation vor dem Experiment nicht von derjenigen im Experiment unterscheidet, denn der Proband ist auch hier vom Feuern der Neuronen abhängig. Diese entscheiden, ob er am Experiment mitwirkt oder nicht. Dieser Schluss folgt aber nur, wenn man den Unterschied vor und während des Experiments als bloß zeitlichen ansieht und die weiteren, grundsätzlicheren Unterschiede ausblendet. Einerseits, dass eine extrem reduzierte Situation von „Handlung" – das Drücken eines Knopfes, nach verspürtem Drang – als Paradigma jeder Form von Handlung vorausgesetzt ist. Andererseits, dass man nur dann übersehen kann, dass eine andere und weiterreichende Form von Handlung und Freiheit für die Durchführung des Experiments als Bedingung erforderlich ist.

Handlungs- und Willensfreiheit

In der Philosophie des Geistes wird die Frage nach der Verhältnisbestimmung bzw. Aufgabe einer der drei plausiblen, aber nicht verträglichen Thesen: a) Kausale Geschlossenheit der physischen Welt, b) Eigenständigkeit und Verschiedenheit mentaler und materieller Phänomene und c) mentale Wirksamkeit, d.h. bewusste Steuerung physischer Prozesse weiterhin kontrovers diskutiert. Von seiten der Philosophie ist eine intensive Auseinandersetzung naturgemäß auch dadurch begründet, dass die Naturalisierung des Geistes und der Freiheit „mit der Hypothek eines Umbaus unser Lebensform im ganzen belastet ist"[15]. Denn Rechtsprechung, moralische Praxis und auch Erziehung, letztlich unsere gesamte Praxis beruhen auf der Überzeugung, dass wir frei sind. Wir sprechen uns nicht nur Handlungsfreiheit, sondern Willensfreiheit zu.

---

[15] *J. Habermas*, Das Sprachspiel verantwortlicher Urheberschaft. Probleme der Willensfreiheit, in: P. Janich (Hrsg.) Naturalismus und Menschenbild, Hamburg 2008, S. 15-29: 22

Handlungsfreiheit ist gegeben, wenn eine Person in ihrem Handeln frei ist, also nicht durch äußere Hindernisse an der Ausführung ihres Wollens gehindert ist. Handlungsfreiheit lässt sich vereinbaren mit einem Determinismus, auch dem von der Neurobiologie vertretenen. Denn gleichzeitig lässt sich unser Handeln als frei von äußeren Beschränkungen und unsere Wünsche von den Regungen unseres Gehirns motiviert bzw. als mit ihnen identisch betrachten. Das intuitive Unbehagen des common sense gegenüber einer solchen kompatibilistischen Position intendiert die grundlegendere Dimension der Willensfreiheit. Willensfreiheit bedeutet, nicht nur tun zu können, was man will, sondern auch wollen zu können, was man will, also seine Wünsche, Intentionen und Überzeugungen willentlich beeinflussen zu können. Harry Frankfurts Unterscheidung zwischen primären und sekundären Wünschen bzw. Willensakten rekurriert darauf: Willensfreiheit zeichnet sich dadurch aus, dass wir in der Lage sind, zu unseren Entscheidungen und Wünschen nochmals Stellung zu nehmen.[16] Damit verhalten wir uns zu uns selbst. Das ist ein zentrales Moment unseres Personseins.[17] Die Willensfreiheit setzen wir immer schon voraus, wenn wir in Bezug auf andere, als auch – und wohl vorrangig – in Bezug auf uns selbst annehmen: Wir hätten auch anders handeln können, und es lag an uns, dass wir so und nicht anders gehandelt haben. Willensfreiheit beinhaltet eine kognitive und eine volitive Dimension.[18]

Gegen Frankfurts second-order volitions wurde mehrfach ins Feld geführt, dass in Fällen von Gehirnwäsche oder Drogensucht u.a. gerade diese tatsächliche Selbstbestimmung eingeschränkt ist,[19] wir folglich Handlungsfreiheit, aber keine Willensfreiheit besitzen. Die strukturelle Analogie zu Argumenten der Neurowissenschaften liegt auf der Hand: Die Ausführung

---

[16] *H. G. Frankfurt*, The Importance of What We Care About: Philosophical Essays, Cambridge 1988, 12ff

[17] Vgl. *R. Spaemann*, Was macht Personen zu Personen?, in diesem Band, 29-44

[18] Vgl. *H. G. Frankfurt*, „Alternative Possibilities and Moral Responsibility". Journal of Philosophy 66 (1969), 829-839

[19] Vgl. z.B. *J. Christman*, Autonomy and Personal History, in: Canadian Journal of Philosophy (1991) 21

primärer Wünsche und Willensakte kann dann interpretiert werden als durch unsere neuronal prädeterminierten Verhaltensmustern gesteuert. Und wenn unsere Alltagserfahrung ebenfalls darum weiß, dass wir nur in den seltensten Fällen Letztentscheidungen treffen, konkurrierende Gründe abwägen und verantwortlich entscheiden und handeln, dann ist eine Korrespondenz – zumindest im basalen Bereichen – durchaus denkbar. Eine Extrapolation der Willensakte erster Ordnung auf diejenigen zweiter Ordnung bedürfte einer umfassenderen Analyse als es hier möglich ist. Grundsätzlich dagegen spricht aber die unserer Selbst- und Fremdeinschätzung zugrunde liegende, sehr differenzierte Wahrnehmung. Unsere moralische Praxis ist davon geprägt, dass wir uns und andere einerseits letztinstanzlich verantwortlich für die jeweiligen Handlungen halten und andererseits zugestehen, dass nicht in jeder Situation faktisch eine Entscheidung gefällt und entsprechend gehandelt wird. Es ist uns bewusst, dass ein Mensch bestimmte Charaktereigenschaften, Erfahrungen, physische Dispositionen mitbringt, die eine vollumfängliche Verantwortung beschränken können und dass Umstände für die moralische Beurteilung von Handlungen zu berücksichtigen sind.[20] Unsere Rechtsprechungspraxis ist gesättigt mit diesem Wissen. Dennoch unterstellen wir uns selbst und anderen die Verantwortung für unsere Handlungen. Dies geht soweit, dass wir uns auch für unsere charakterlichen Haltungen und Dispositionen – Charaktereigenschaften – verantwortlich machen; im guten wie im schlechten. „Denn „unsere« Gefühle, Einstellungen und Gewohnheiten operieren, auch wenn sie nicht durch den Filter expliziter Überlegungen hindurchgegangen sind, gewissermaßen mit unserem stillschweigenden Einverständnis"[21] bzw. sind „implizit bejahte Urteile"[22]. Dass wir das tun – wenngleich wir uns der entschuldigenden Beeinträchtigung unserer Verantwortung ebenfalls bewusst sind – ist nur möglich, weil wir Personen die Letztentscheidung für ihre Handlungen immer schon zuspre-

---

[20] Eine freiheitsskeptische Perspektive leitet daraus ab: *T. Nagel*, Moralische Kontingenz, in: *Ders.*, Letzte Fragen, Hamburg 1996, S.45-63
[21] *Habermas*, Das Sprachspiel verantwortlicher Urheberschaft, 17
[22] *Habermas*, Das Sprachspiel verantwortlicher Urheberschaft, 22

chen. In gewisser Weise beurteilen wir Personen entsprechend der Qualität ihrer Letztentscheidung, den expliziten und impliziten Stellungnahmen zu den Bedingtheiten ihrer Natur und Existenz und der sich dadurch habitualisierten Persönlichkeit.

Person bedeutet damit in ihrer Eigentümlichkeit und Besonderheit gerade jene Möglichkeit und konkrete Verwirklichung der individuellen Stellungnahme. Und wir beziehen uns in den genannten Urteilen nicht die nur auf die Verwirklichung der Freiheit, sondern bereits auf die Möglichkeit derselben, die die Person als *ens morale*[23] von allem Naturhaften, bloß dinglichen unterscheidet und zwar in einem kategorialen Sinne. Auch auf Grund der damit intendierten Würde der Person widersetzt sich unser Selbstverständnis einer Naturalisierung der Freiheit und des Mentalen.

Ursachen, Zwecke und Gründe

Freiheit bedeutet, anders handeln zu können, wenn man Gründe hat, anders zu Handeln. Freiheit und somit unsere Praxis hat etwas mit dem – gelegentlich mühsamen – Abwägen von Gründen zu tun. Dieses Abwägen von für und wider, von richtig und falsch ist zweifelsohne ein komplexes Phänomen, das aber nicht dadurch verständlicher wird, dass man seine semantischen Gehalte auf chemische Prozesse reduziert. „Urteile stoßen uns nicht zu, sondern werden von uns gefällt."[24]

Erlebnisse, Gefühle (Qualia), aber insbesondere handlungsrelevante Gründe implizieren andere Regeln und Gehalte als neuronale Prozesse – es handelt sich schlicht um andere Kategorien. Auch wenn nicht zu bestreiten ist, dass mentale Prozesse nur auf Grund von neuronalen Prozessen vorhanden sind, so folgt daraus nicht, dass sie identisch sind. Eine Reduktion von Mentalem auf neuronale Prozesse kann nicht gelingen, weil die Verfahren nicht symmetrisch sind. Die mentale Wirklichkeit auf letzte Neuronen zurückzuführen, erlaubt eben gerade nicht,

---

[23] Dazu ausführlich in diesem Band: *T. Kobusch*, Die Person: Wesen der Freiheit, 59-79
[24] *Wingert*, Gründe zählen, 198

sie von dort aus abzuleiten. Hier wird der methodische Unterschied zwischen epistemischer Analyse und ontologischer Elimination übersehen.[25]

Mit Rückgriff auf die aristotelische Vier-Ursachenlehre und spätere Vertreter, etwa auch Husserls Analysen zur Irreduzibilität des Geistigen, wird in der neueren philosophischen Diskussion zur Verteidigung der Nichtreduzierbarkeit des Mentalen der kategoriale Unterschied verschiedener Wissensdisziplinen und Seinsschichten thematisiert. Die grundsätzliche Differenz von naturwissenschaftlicher und geisteswissenschaftlicher Betrachtungsweise macht z.B. Janich an der Ölbildmetapher deutlich. Wenn auch eine vollständige naturwissenschaftliche Analyse, etwa von Rembrandts »Der Mann mit dem Goldhelm« zu einer maximal identischen Kopie führen kann, so werden damit die geisteswissenschaftlich-historischen und künstlerisch-ästhetischen Aspekte des materiellen Gegenstandes eben gerade nicht reproduziert und bleiben methodisch unberücksichtigt.[26]

Neben dieser epistemischen Nichtreduzierbarkeit des Mentalen ist es jedoch die ontologische entscheidend. Bei physischen Gegenständen, insbesondere Artefakten, wird dies leicht deutlich: Ohne dass ein Uhrmacher den Zweck einer Uhr methodisch vorher kennt, wird er keine Uhr herstellen, diese folglich nicht als solche existieren und in ihren physikalischen Eigenschaften naturwissenschaftlich untersucht werden können.[27] Das bedeutet nicht nur, dass wir verschiedene Arten von »Ursachen«[28] zu unterscheiden haben, die sich nicht einfach aufeinander zurückführen bzw. reduzieren lassen, sondern dass teleologische »Ursachen« methodisch primär sind.[29]

Wie eliminationsresistent Teleologie gerade auch für Neurobiologen bleibt, lässt sich auch daran ablesen, dass „in den aufwendigsten Versuchen zur Naturalisierung des Wahrheitsbezuges nicht mehr von Gehirnen, sondern von Organismen mit einer nichtdeterministischen evolutionären Geschichte

---

[25] Vgl. *D. Sturma*, Ausdruck von Freiheit. Über Neurowissenschaften und die menschliche Lebensform, in: Ders. 2006, 187-214: 194ff
[26] *Janich*, Kein neues Menschenbild, 105ff
[27] *Janich*, Kein neues Menschenbild, 168
[28] *Falkenburg*, Was heißt es determiniert zu sein?, 45
[29] Vgl. *Janich*, Kein neues Menschenbild, 169

ausgegangen"[30] wird, hier aber nicht selten „teleologische Erklärungen [...], die im Gewand funktionaler Erklärungen oder teleonomischer Prinzipien auftreten"[31], herangezogen werden.

Unterscheidet man die verschiedenen Arten von menschlichen Tätigkeiten wie Träumen oder Niesen auf der einen und eine Handlung wie das Schreiben dieses Aufsatzes auf der anderen Seite, dann wird ein erstes deutlich: Es gibt Tätigkeiten, die unbewusst und ohne Zustimmung ablaufen und solche, die eine Zustimmung erfordern, oder manchmal sogar eine bewusste Zustimmung gegen motivationale Neigungen. Und eben hier sind Gründe für das Handeln maßgeblich. Und nicht selten werden diese vom Handelnden gerade gegen biologische Reize ins Feld geführt, um diesen Reizen zu widerstehen. Selbstverständlich nun sind biologische Reize, wie etwa Hunger, Müdigkeit oder Sexualtrieb nicht vollständig identisch mit neuronal indizierten Handlungsdispositionen. Sie veranschaulichen aber dennoch, was Gründe von physikochemischen Prozessen jeder Art unterscheidet: Gründe geben uns an, ob etwas wahr oder falsch, richtig oder falsch ist, sie können sich widersprechen, sie haben einen normativen, referentiellen Gehalt, der in Bezug auf uns selbst, die soziale Umwelt und die Realität und entsprechende Handlungen, die damit verbunden sind, steht. Neuronale Prozesse können nicht wahr oder falsch, richtig oder falsch sein, sie können sich nicht widersprechen, sie sind, was sie sind, eben gerade ohne jeden semantischen Gehalt. Analog zum Zweck der Uhr im Verhältnis zu den mechanischen und physikalischen Eigenschaften des Uhrwerks bzw. den verwendeten Materialien sind Gründe einerseits abhängig von empirischen Gegebenheiten und andererseits insofern unabhängig, als sie die Art und Weise der Beurteilung bzw. Stellungnahme zu möglichen Verhaltensweisen abwägen, die nicht aus den natürlichen Ursachen selbst abgeleitet werden können. Auch die Neurobiologen selbst kommen nicht ohne Gründe und mentale Gehalte aus. Sie müssen, bevor sie eine bestimmte neuronale Disposition einem mentalen Gehalt zuordnen, diesen bereits inhaltlich analysiert haben. Sie können den mentalen Ge-

[30] *Wingert*, Gründe zählen, 199
[31] *Falkenburg*, Was heißt es determiniert zu sein?, 67

halt nicht aus der neuronalen Entsprechung ableiten. Ohne die vorherige Bestimmung der mentalen Gehalte können sie zwar feststellen, dass etwas wahrgenommen oder gedacht wird, aber nicht was gedacht wird. Die Inhalte unser Gedanken und die Gründe für unser Handeln lassen sich ebensowenig aus der Beobachtung neuronaler Prozesse herauslesen, wie sich eine Uhr aufgrund der bloßen Anordnung ihrer Teile – ohne vorheriges oder vergleichbares Wissen um den Zweck eines solchen Geräts – verstehen lässt.

Auch wenn sich also der moralische Abwägungsprozess auf einer höherstufigen Verschaltungsebene des limbischen Systems in der Beobachtung neuronaler Erregungsmuster abbilden lässt, so lassen sich dadurch gerade nicht die normativen Gehalte von Gründen auf neuronale Prozesse reduzieren. Sie sagen uns nicht, was wir tun sollen. Sie geben uns eben nicht die Gründe an die Hand, die wir im alltäglichen und wissenschaftlichen Wahrheits- und moralischen und juristischen Rechtfertigungsdiskurs nutzen. Um nochmals das Beispiel der Uhr heranzuziehen: Die materielle und selbst die funktionale Struktur einer Uhr hat keinerlei ursächlichen Einfluss auf die moralisch relevante Entscheidung, ob wir sie als Zeitanzeiger oder als Zeitzünder verwenden. Naturwissenschaftliche Möglichkeiten sind moralisch ambivalent. Die meisten Fragen im Bereich der Bioethik können hier auch als Beispiele dienen.

Verobjektivierung und Unverständlichkeit

Die Eliminierung des für das menschliche Selbstverständnis wesentlichen „Raums der Gründe"[32] hat weitreichende Konsequenzen. Letztlich erfordert sie einen Umbau unserer gesamten Praxis und Sprache, auch hinsichtlich der Naturwissenschaften selbst. Dass damit die neurobiologische Theorie selbst unmöglich wird, übersieht diese Position deshalb, weil ihr die Differenz nicht bewusst ist, bzw. methodisch nicht möglich scheint, die sie implizit immer schon voraussetzt: theoretische Konst-

---

[32] *W. Sellars*, Empricism and the Philosophy of Mind, Cambridge 1997, 64ff.; *J. McDowell*, Mind and World, Cambridge 1994, 70ff

ruktion einerseits und empirische Objektwahrnehmung andererseits. Das Mentale wird zu einer Konstruktion des Materiellen, fungiert aber als Konstrukteur und Konstruktionsebene eben dieses Prozesses. Vertretern der Willensfreiheit steht es deshalb auch frei, inwieweit sie Argumente neurobiologischer Provenienz als wahrheits- und handlungsrelevant einstufen.

Gegen den Neurobiologen, den der performative Widerspruch seiner Thesen nicht anficht, sei nochmals zusammengefasst, warum eine Verobjektivierung des Mentalen nicht möglich ist: Erstens, weil das Ideal einer nomologisch geschlossenen und damit naturwissenschaftlich beschreibbaren Wirklichkeit nur ein heuristisches Prinzip ist. Zweitens, weil grundlegende Konzepte auch der Naturwissenschaften begrifflich-logischer Natur sind und nicht identisch sind mit objektiven Beobachtungen, sondern mentale Konzepte und Konstruktionen, mithilfe derer die naturwissenschaftliche Forschung ihren Gegenstandsbereich zu beschreiben sucht. Grundlegende Begriffe schon der Physik, wie Kausalität, Kraft, Feld, können hier als Beispiele herangezogen werden. Diese Begriffe existieren nicht als materielle Gegenstände, sie helfen uns deren Prozesse zu verstehen, unterliegen selbst aber dem Prozess wissenschaftlicher, und hier, begrifflicher Klärung. Drittens wurde mehrfach darauf hingewiesen, dass die Forschungspraxis selbst grundlegend in vorwissenschaftlicher Praxis verwurzelt ist.[33] Ohne eine eigenständige Dimension des Mentalen im Sinne von Gründen, Zwecken, aber auch Gefühlen, Erlebnissen ist unsere Praxis nicht verständlich. Das gilt grundlegend auch für naturwissenschaftliches Forschen und Wissen. Schließlich: Die durchgehende Verschränkung von Theoriebildung, Experiment, Lernprozess, Widerlegung, Erfahrung und Beweis, etc. in der wissenschaftlichen Praxis widersetzt sich einer Reduzierung.

Die Irreduzibilität des Geistigen verweist auf die innere Struktur von Freiheit und damit Person, die zwar nicht zwei verschiedene Entitäten, aber zumindest zwei Dimensionen des Wirklichen erfordert, die Selbstverhältnis, Fremdverhältnis

---

[33] Vgl. z.B. *D. Hartmann*, Physis und Psyche. Das Leib-Seele-Problem als Resultat der Hypostatisierung theoretischer Konstrukte, in: Sturma 2006, 97-123

und Weltverhältnis allererst ermöglichen. Wird diese Differenz der Dimensionen eliminiert bzw. negiert, dann folgt daraus auch, dass kein Reden über eine objektive Welt mehr möglich oder sinnvoll ist. Nicht nur, weil Objektivierung immer einen Standpunkt außerhalb erfordert, sondern weil sie eine Beziehung impliziert: zur Welt, zu sich selbst und zum anderen.

Lutz Wingert hat im Zusammenhang des Aufweises der aus der naturalistischen Verobjektivierung des Menschen folgenden Unverständlichkeit auch darauf hingewiesen, dass nur durch die Irreduzibilität des Mentalen unser spezifisches Selbstverständnis als Personen aufscheinen kann: „Denn eine zweite Person ist für den anderen eine erste Person, die sich sprachlich mit »ich« äußert. Dabei ist dieses »ich« nicht nur referentiell, sondern auch performativ gemeint und drückt ein Einstehen für einen Geltungsanspruch aus, den diese Person erhebt."[34]

Die naturalistische Verobjektivierung des Menschen verstellt einen solchen Blick auf den Menschen als Person und damit auch auf seine Würde völlig. Sie macht ihn als Gehirn zum Objekt, zur Sache. Aber Menschen sind Personen, Miteinander einmaliger Freiheitswesen.

---

[34] *Wingert*: Grenzen der naturalistischen Selbstobjektivierung, in: Sturma 2006, 255

Biographische Notizen

Hanna-Barbara Gerl-Falkovitz, Professor Dr. phil. Dr. theol. h.c., geb. 1945. Studium der Philosophie, Germanistik und Politischen Wissenschaften an den Universitäten München und Heidelberg, Promotion 1970 in München, Habilitation 1979 in München, 1995 Ehrenpromotion zum Dr. theol. h.c. an der Philosophisch-Theologischen Hochschule Vallendar. 1993-2011 Lehrstuhlinhaberin für Religionsphilosophie und vergleichende Religionswissenschaft an der Technischen Universität Dresden. 2007 Gastprofessorin auf der Cattedra Rosmini der Universität Trient. Seit jüngst Vorstand des Europäischen Instituts für Philosophie und Religion und der Hochschule Heiligenkreuz, Wien.

Johannes Hattler, Dr. phil., geb. 1974, Studium der Philosophie, Soziologie und Philosophie der Naturwissenschaften in Bierbronnen und Freiburg; 2004 Promotion zum Dr. phil. an der Universität Freiburg. Anschließend tätig als stellvertretender Geschäftsführer und Organisationsleiter in Kevelaer, seit 2006 Wissenschaftlicher Referent am Lindenthal-Institut in Köln mit den Schwerpunkten Wissenstheorie, Allgemeine und Angewandte Ethik.

Theo Kobusch, Professor Dr. phil, geb. 1948, Studium der Philosophie, Griechisch und Latein in Gießen und Bern, 1972 Promotion an der Universität Gießen, 1975-82 Wissenschaftlicher Assistent an der Universität Tübingen, 1982 Habilitation, 1983 Lehrbefugnis in Philosophie unter bes. Berücksichtigung der Patristik und Scholastik in Tübingen. 1983-90 Professor an der Universität Bochum, 1990-2003 Lehrstuhl für Philosophisch-Theologische Grenzfragen der Ruhr-Universität Bochum. Seit 2003 Inhaber des Lehrstuhls für Philosophie des Instituts für Philosophie der Rheinischen Friedrich-Wilhelms-Universität Bonn. Seit 2000 Vorsitzender der Arbeitsgemeinschaft deutschsprachiger Philosophiedozentinnen und -dozenten im Studium der katholischen Theologie. Visiting Professor an der St. Louis University, USA.

Robert Spaemann, Professor Dr. phil. Dr. h.c. mult., geb. 1927, Studium der Philosophie, Geschichte, Theologie und Romanistik an den Universitäten Münster, München, Fribourg (Schweiz) und Paris. 1952 Promotion in Münster, 1962 Habilitation für Philosophie und Pädagogik; 1962 Ordinarius für Philosophie und Pädagogik an der TH Stuttgart. 1969 Professor für Philosophie an der Universität Heidelberg. 1973-92 Professor für Philosophie an der Universität München. Seit 1992 Honorarprofessor an der Universität Salzburg. Gastprofessuren an den Universitäten Rio de Janeiro und Paris (Sorbonne). Er erhielt zahlreiche Ehrungen und Ehrendoktorwürden im In- und Ausland verliehen wie z.B. den Karl-Jaspers-Preis 2001 und den Maximilians-Orden für Wissenschaft und Kunst.

Jakob Fortunat Stagl, Priv.-Doz. Dr. iur., geb. 1971, Studium der Rechtswissenschaft in Salzburg, Heidelberg, Freiburg. 1998 erstes juristisches Staatsexamen in Stuttgart, 1998-2000 Geschäftsführender Sekretär der Gesellschaft für Rechtsvergleichung in Freiburg i.Br., 2001 Promotion in Freiburg i.Br., 2002 zweites juristisches Staatsexamen in Berlin, 2003–07 Assistent in Salzburg, Münster und Bonn. 2007 Habilitation in Bonn, Venia legendi: Bürgerliches Recht, Römisches Recht, Internationales Privatrecht, Neuere Privatrechtsgeschichte. Seit 2007 zahlreiche Lehrstuhlvertretungen sowie Lehrtätigkeit im Ausland. Mitglied diverser wissenschaftlicher Vereinigungen.

Hans Thomas, Dr. med., geb. 1937 in Aachen. Studium der Medizin und Philosophie in Bonn, Düsseldorf und Wien. 1966 Promotion in Bonn (Neuropathologie). 1967-86 ehren- u. hauptamtliche Engagements in Bildungs- und Wissenschaftsförderung. 1973 Mitgründer, seitdem Direktor des Lindenthal-Instituts in Köln (interdisziplinäre Forschung zu Wissenstheorie, Ethik in der Medizin, Anthropologie der Arbeit). 1977 Mitgründer und Geschäftsführer des Rhein-Donau-Stiftung e.V. (Hilfsprojekte in Entwicklungsländern, vor allem im Bildungssektor). Vorstandstätigkeit in weiteren Hilfsorganisationen und Stiftungen.

Das Lindenthal-Institut

Das Lindenthal-Institut ist ein privates wissenschaftliches Institut. Es widmet sich interdisziplinären Forschungen in den Bereichen/Sektionen:

*   Wissenstheorie (z.B. Naturwissenschaft/Philosophie)
*   Ethik (insbesondere Ethik in der Medizin, Bioethik)
*   Kultur der Arbeit (einschließlich Wirtschaftsethik)
*   Familie, Demografie, Familienpolitik

und in angrenzenden Gebieten. Zur laufenden Tätigkeit gehören Expertengespräche, Fachtagungen, internationale Colloquien sowie eigene Buchveröffentlichungen. Außerdem veröffentlichen Mitarbeiter und Mitwirkende im eigenen Namen.

Auf Wunsch von Interessenten veranstaltet das Institut ergänzend Seminare und Arbeitskreise für Ärzte, Medienschaffende, Leitende in Unternehmen sowie für Studierende, in denen Themen aus den Arbeitsgebieten des Instituts vermittelt und vertieft werden. Hier will das Institut auch motivieren. Es bietet jungen Köpfen eine Möglichkeit, neben dem offiziellen Wissenschafts- und Bildungsbetrieb anthropologische Grundfragen zu stellen, miteinander zu denken und nach zukunftsweisenden Antworten auf drängende Fragen der Gegenwartskultur zu suchen. Nach Überzeugung der Institutsleitung wachsen zukunftsfähige Antworten aus christlichen Wurzeln.

Das Institut verdankt sich der Initiative eines Freundeskreises von Hochschullehrern und Hochschulangehörigen, die es 1973 ins Leben riefen. Das Institut finanziert sich durch Spenden von Freunden und Förderern. Es ist weder konfessionell festgelegt, parteilich gebunden noch einer Interessengruppe verpflichtet. Träger des Instituts ist die Lindenthal Stiftung (Köln).

Direktor des Instituts
Dr. Hans Thomas

Wissenschaftlicher Beirat
Prof. Dr. phil. Alberto Gil, Saarbrücken (Sprache/Kommunikation)
Prof. Dr. med. Gerhard van Kaick, Heidelberg (Medizin)
Prof. Dr. iur. Winfried Kluth, Halle (Staats-/Verf.-Recht)
Prof. Dr. iur. Adolf Laufs, Heidelberg (Medizinrecht)
Prof. Dr. phil. Nikolaus Lobkowicz, Eichstätt (Polit. Philos.)
Prof. Dr. phil. Thomas M. Osborne, Houston (Philosophie)
Prof. Dr. phil. Horst Pietschmann, Hamburg (Geschichte)
Prof. Dr. phil. Manfred Spieker, Osnabrück (Christl. Sozialwiss.)

Vorstand der Lindenthal Stiftung
Prof. Dr. Manfred Spieker, Präsident
Dr. Ruthard von Frankenberg, Generalsekretär
Dr. Hans Thomas, Geschäftsführer
Dr. Johannes Hattler

Anschrift des Instituts
Friedrich-Schmidt-Straße 20a
50935 Köln (Lindenthal)
Tel.: +49 (0)221 40 10 92
Fax: +49 (0)221 40 60 588
mail@lindenthal-institut.de
www.lindenthal-institut.de

Publikationen

Islam – Säkularismus – Religionsrecht
Aspekte und Gefährdungen der Religionsfreiheit
Lothar Häberle / Johannes Hattler (Hg.), Springer Verlag, Berlin/Heidelberg 2012
Mit Beiträgen von Lothar Häberle, Hans Michael Heinig, Stefan Magen, Stefan Muckel, Bülent Uçar, Lukas Wick

Der Appell des Humanen
Zum Streit um Naturrecht
Hans Thomas / Johannes Hattler (Hg.), Ontos Verlag, Frankfurt/Lancaster 2010
Mit Beiträgen von: Johannes Hattler, Christoph Böhr, Berthold Wald, Manfred Spieker, Martin Rhonheimer, Tilman Repgen, Stefan Mückel, Josef Isensee

Glaube und Gesellschaft
Gefährden unbedingte Überzeugungen die Demokratie?
Hans Thomas / Johannes Hattler (Hg.), Darmstadt: WBG 2009
Mit Beiträgen von: Rocco Buttiglione, Hanna-Barbara Gerl-Falkovitz, Lothar Häberle, Christian Hillgruber, Winfried Kluth, Walter Schweidler, Robert Spaemann, Hans Thomas

Ethik im Dienst der Unternehmensführung
Hans Thomas / Johannes Hattler (Hg.), Marburg: Metropolis-Verlag 2008
Mit Beiträgen von: Franz Borgers, Antonio Argañdona, Ursula Schütze-Kreilkamp, Ludwig Engels, Horst Albach, Mª Nuria Chinchilla, André Habsich, Carlos Cavallé, Joanne B. Ciulla

Ärztliche Freiheit und Berufsethos
Hans Thomas (Hg.), Dettelbach: Verlag J.H. Röll 2005
Mit Beiträgen von: Edmund D. Pellegrino, Jörg-Dietrich Hoppe, Adolf Laufs, Nikolas Matthes, Winfried Kluth, Christian Hillgruber, Hans Thomas, Robert L. Walley, John Keown, William B. Hurlbut, Gerhard van Kaick

Ontologie und Metaphysik
Rafael Hüntelmann / Erwin Tegtmeier (Hg.), St. Augustin: Academia Verlag 2000

Mit Beiträgen von: Kevin Mulligan, Johanna Seibt, Uwe Meixner, Herbert Hochberg, Reinhardt Grossmann, Bojan Borstner, Erwin Tegtmeier, Käthe Trettin

Die Lage der Kunst am Ende des 20. Jahrhunderts

Hans Thomas (Hg.), Dettelbach: Verlag J.H. Röll 1999
Mit Beiträgen von: Boris Groys, Eduard Beaucamp, Fernando Inciarte

Wirklichkeit und Sinnerfahrung

Grundfragen der Philosophie im 20. Jahrhundert
Rafael Hüntelmann (Hg.), Dettelbach: Verlag J.H. Röll 1998
Mit Beiträgen von: Bernhard Braun, Wolfhart Henckmann, Rafael Hüntelmann, Karl-Heinz Lembeck, Uwe Meixner, Erwin Schadel, Georg Scherer, Erwin Tegtmeier

Kondratieffs Zyklen der Wirtschaft

An der Schwelle neuer Vollbeschäftigung?
Hans Thomas / Leo A. Nefiodow (Hg.), Herford: Verlag BusseSeewald 1998
Mit Beiträgen von: Werner Dostal, Christopher Freeman, Wolfgang Glaubitz, Ernst Helmstädter, Alfred Kleinknecht, Francisco Louçâ, Harry Maier, Cesare Marchetti, Rainer Metz, Leo A. Nefiodow, Carlota Perez, Jan Reijnders, Winfried Schlaffke, Hans Thomas, Bernardo M. Villegas, Helmut Volkmann

Bevölkerung, Entwicklung, Umwelt

Hans Thomas (Hg.), Herford: Verlag BusseSeewald 1995
Mit Beiträgen von: Lord Peter Bauer, Herwig Birg, Jean-Claude Chesnais, Gérard-François Dumont, Jesus P. Estanislao, François Geinoz, Sankaranarayana Gireesan, Wolfgang Rothenberger, Josef Schmid, Julian L. Simon, Gunter Steinmann, Hans Thomas, Michel Tricot

Das zumutbare Kind

Hans Thomas / Winfried Kluth (Hg.), Herford: Verlag BusseSeewald 1993
Mit Beiträgen von: Karin Graßhof, Karl Heinrich Friauf, Manfred Spieker, Peter Lerche, Udo Steiner, Winfried Kluth, Wolfram Höfling, Herbert Tröndle, Adolf Laufs, Ruth Esser, Michael Gante, G. Elizabeth M. Anscombe, John M. Finnis

Menschlichkeit der Medizin

Hans Thomas (Hg.), Herford: Verlag BusseSeewald 1993
Mit Beiträgen von: Volker Diehl, Felix Ermacora, Luke Gormally, Gonzalo Herranz, Bernhard Kerdelhué, Winfried Kluth, Detlef

Bernhard Linke, Markus v. Lutterotti, Hassan Nour Eldin, Jan Helge Solbakk, Robert Spaemann, Hans Thomas

Unternehmenskultur
Leitbild der Darstellung oder Abbild der Einstellung

Géza Czomós / Hans Thomas (Hg.), Herford: Verlag BusseSeewald 1992
Mit Beiträgen von: Albert Gil, Boris Groys, Augustinus Graf Henckel von Donnersmarck, Wolfgang Paul, Hans Thomas

Amerika
Eine Hoffnung, zwei Visionen

Hans Thomas (Hg.), Herford: Verlag BusseSeewald 1991
Mit Beiträgen von: Antonio Annino, Boris Groys, Georg Kamphausen, Anthony Pagden, Horst Pietschmann, Josep-Ignasi Saranyana, Walter Schweidler, Victor Tau Anzoátegui, Hans Thomas, Hermann Wellenreuther

Naturherrschaft
Wie Mensch und Welt sich in der Wissenschaft begegnen

Hans Thomas (Hg.), Herford: Verlag BusseSeewald 1991
Mit Beiträgen von: Patrick Bahners, John S. Bell, Gottfried Küenzlen, Reinhard Löw, Peter Mittelstaedt, Günther Pöltner, Herwig Schopper, Dietmar Stehlik, Antoine Suarez, Hans Thomas, Anton Zeilinger

Chancen einer Kultur der Arbeit
Abschied von der Entfremdung

Hans Thomas (Hg.), Herford: Verlag BusseSeewald 1990
Mit Beiträgen von: Rafael Alvira, Franz Borgers, Rocco Buttiglione, Boris Groys, Georg Kamphausen, Josef Stingl, Hans Thomas

Die Welt als Medieninszenierung
Wirklichkeit, Information, Simulation

Hans Thomas (Hg.), Herford: Verlag BusseSeewald 1989
Mit Beiträgen von: Gianfranco Bettetini, Sir John C. Eccles, Boris Groys, Fernando Inciarte, Martin Kriele, Hans Thomas

Ethik der Leistung

Hans Thomas (Hg.), Herford: Verlag BusseSeewald 1988
Mit Beiträgen von: Rocco Buttiglione, Boris Groys, Joseph Kardinal Höffner, Peter Koslowski, Martin Rhonheimer, Rolf Langhammer, Perez Lopez, Hans Thomas, Bernardo M. Villegas, Peter Zürn

Persönliche Verantwortung
Peter T. Geach / Fernando Inciarte / Robert Spaemann
Köln: Adamas-Verlag 1982

Familie – Feindbild und Leitbild
José Manuel Fontes / Bernhard Hassenstein / Nikolaus Lobkowicz / Martin Rhonheimer
Köln: Adamas-Verlag 1979

Recht auf Gerechtigkeit
John M. Finnis / Otto Gritschneder / Antione Suarez
Köln: Adamas-Verlag 1978

Der Mythos von der Überbevölkerung
Colin Clark
Köln: Adamas-Verlag 1975

Globale Gesellschaft und Zivilisation
Elisabeth Anscombe / Peter Berglar / Colin Clark
Köln: Adamas-Verlag 1975

Altes Ethos – Neues Tabu
Viktor E. Frankl / Josef Pieper / Helmut Schoeck
Adamas-Verlag, Köln, 1974

Die Herausforderung der Vierten Welt
Joseph Kardinal Höffner / Fernando Inciarte / Jérôme Lejeune
Köln: Adamas-Verlag 1973

www.ingramcontent.com/pod-product-compliance
Lightning Source LLC
Chambersburg PA
CBHW040741300426
44111CB00027B/2999